인터넷 쇼핑몰

쉽고 재미있는 패션 중국어

정 승 일 저

챠오이샹 감수

김유봉 이동언 조전범 번역 편집

경춘사

쉽고 재미있는

패션 중국어

저자 정승일
감수 챠오이샹
번역편집 김유봉, 이동언, 조전범
발행인 안중기
발행처 도서출판 경춘사

인 쇄 2009년 4월 1일
발 행 2009년 4월 10일

서울시 마포구 공덕동 117-25호
경춘빌딩 101호

전화 716-2502,714-5246
팩스 704-0688

값 7,000원

ISDN 978-89-5895-064-6 10720

머리말

부존자원이 없는 우리나라는 무역만이 살길임에도 그동안 사회풍조가 이를 힘든 3D(힘들고 더럽고 위험한) 업종으로 여기고 푸대접하면서 몇 해 전부터는 온통 미국을 흉내 내 손쉽게 돈을 버는 증권 · 펀드 등 도박이나 다름없는 분야에 열을 올리더니 마침내 또다시 1차 IMF위기때처럼 총체적경제위기에 처해 있습니다.

이는 무역 즉 제조업을 소홀히 하면 강대국도 망한다는 교훈을 우리에게 다시 한 번 일깨워준 것입니다.

이 패션중국어는 패션상품을 중국과 인터넷으로 거래할 수 있도록 만들었으므로, 고등학생 · 대학생 · 상인 · 인터넷 쇼핑몰 창업희망자 등 모두가 중국과의 거래에 성공하여 조금이라도 경제회복에 보탬이 된다면 큰 보람을 느낄 것입니다.

이 책이 출판될 수 있도록 물심양면으로 도와주신 서울상업고등학교 한상국 교장선생님과 여러 선생님들께 감사드립니다.

전문용어가 많아 중국 현지에까지 확인을 해도 애매모호한 부분이 많아 잘못된 부분이 다소 있을 것 같아 죄송하게 생각합니다. 차츰 보완, 수정해 나가도록 하겠습니다.

독자여러분 서울여자상업고등학교의 어린 학생들이 만든 인터넷 패션쇼핑몰(http://mytra.sys.hs.kr TEL 02-872-5697)을 많이 사랑해 주세요! I ♡ YOU!

2009년 3월 저자 정승일(鄭昇逸 CHUNG, SUNG-IL)

목차

1. 인사

ˇ ˉ ˙
打招呼
따 자오 후

ˋ ˋ ˇ ˇ ˇ ˋ ˋ ˊ ˙
售货员：你好。你要看什么？
쇼우 후오 옌 : 니 하오 니 야오 칸 셤 머

ˋ ˋ ˇ ˇ ˇ ˋ ˙ ˋ ˋ ˊ ˇ ˋ ˉ ˋ ˉ
顾客：我可以看看那件牛仔布的夹克衫吗？
꾸 커 : 워 커이 칸 칸 나지 엔 니우 자이 뿌 더 쟈 크 샨 마

ˋ ˋ ˊ ˇ ˇ ˇ
售货员：好的，给你。
쇼우 후오 옌 : 하오 더, 게이 니

ˋ ˋ ˉ ˙ ˊ ˊ ˋ
顾客：多少钱一件？
꾸 커 : 뚜오 샤오 첸 이 진

ˋ ˋ ˊ ˇ ˋ ˊ
售货员：请付5000元。
쇼우 후오 옌 : 칭 푸 우첸 위엔

판매사원 : 어서오십시오. 무엇을 찾으십니까?
바이어: 저 데님 재킷(청재킷)을 보여주십시오.
판매사원 : 알았습니다. 네, 여기 있습니다.
바이어 : 이것은 얼마입니까?
판매사원 : 5,000엔입니다.

※주의 : 3성(ˇ) +3성(ˇ)은 실제 발음시 2성(/)+3성(ˇ)으로 함.
ex) 你好，给你

반복하기

ˇ ˋ ˋ ˊ ·
你要看什么？
니 야오 칸 셤 머

ˇ ˇ ˋ ˊ ·
你想要什么？
니 샹 야오 셤 머

ˇ ˉ ˊ ˋ
请包一下。
칭 빠오 이 샤

ˇ ˋ · ˊ ˋ
请介绍一下。
칭 지에 샤오 이 샤

ˇ ˋ ˋ
请放这儿。
칭 팡 쩌 얼

ˇ ˇ ˇ
好的，给你。
하 오더, 게이 니

ˇ ˇ ˇ
好的，给我。
하 오더, 게이 워

무엇을 찾으십니까?
무엇을 찾으십니까?
싸 주십시오.
안내해 주십시오.
여기 놓아 주십시오.
네, 여기 드릴게요.
네, 저에게 주세요. (물건 받으면서)

기타

1. 아침인사	ˇ · ˇ 早上好。 자오 샹 하오
2. 오후인사	ˋ ˇ ˇ 下午好。 쌰 우 하오
3. 저녁인사	ˇ · ˇ 晚上好 완 샹하오
4. 밤인사	ˇ ˉ 晚安。 완 안
5. 헤어질 때	
안녕	ˋ ˋ 再见。 짜이찌엔
내일 봐요	ˊ ˉ ˋ 明天见。 밍티엔지엔
몸조심 하세요	ˋ ˋ ˇ ˋ ˇ 照顾好自己。 자오 구하오 쯔 지
7. 잠자기 전 잘 주무세요	ˇ ˉ 晚安。 완 안
8. 고마울 때 너무 감사합니다	ˉ ˊ ˇ ˋ 非常感谢 페이 창 깐시에

패션 관련 용어

중국어	발음	뜻
面料 miànliào	맨리아오	원단, 옷감
棉 mián	맨	면
弹力 tánlì	탄리	스판
毛 máo	마오	모
梭织 suō zhī	쒀즈	직물
毛织 máo zhī	마오즈	니트
针织 zhēn zhī	쩐즈	환편

2. 자기소개

自我介绍
저 워 쯔에샤오

顾客：你好。我是Suzuki。见到你很高兴。
꾸 커 : 니 하오. 워 스 스즈키. 지엔 다오 니 헌 까오 씽

售货员 ：见到你很高兴，我的名字叫金善英。
쇼우 후오 옌 : 지엔 다오 니 흔 까오 씽, 워 더 밍 즈 지아오 진 샨 잉

바이어 : 처음 뵙겠습니다. 스즈키입니다. 만나서 반갑습니다.

판매사원: 처음 뵙겠습니다. 김선영입니다.

반복하기

我想介绍一下我的老板，这位是 金先生。
워 샹 지에샤오 이 샤 워 더 라오 반, 쩌 웨이 스 진 셴 셩

我是李英美。
워 스 리 잉 메이

Suzuki是经理。
스즈끼 스 징 리

我姓郑。
워 씽 정

他是金先生。
타 스 진 셴 셩

저희 사장님을 소개해 드리고 싶은데요. 이분이 김선생님입니다.
저는 이영미입니다.
스즈키씨는 부장님입니다.
저의 성은 정입니다.
그는 김이라고 합니다.

패션 관련 용어

중국어		발음	뜻
会长	huì zhăng	후이장	회장
社长	shè zhăng	써장	사장
部长	bù zhăng	뿌장	부장
次长	cì zhăng	츠장	차장
课长	kè zhăng	커장	과장
代理	dài lĭ	따이리	대리
助长	zhù zhăng	주장	계장
员工	yuán gōng	웬꿍	사원
名片	míng pìan	밍팬	명함
总经理	zŏng jīng lĭ	쭝징리	경영자, 사장
设计师	shè jì shī	써지쓰	디자이너
纸样师	zhĭ yàng shī	즈양쓰	패턴사
网络设计师	wăng luò shè jì shi	왕뤄써지쓰	웹디자이너
职业女性	zhi yè nŭ xìng	쯔예뉘씽	직장여성

3. 있다. (네, 있습니다.)

\
是的
스 더

\ \ \ / \ \ ·
顾客：有弹力裤吗？
꾸 커 : 요우 탄 리 쿠 마

\ \ / \ ∨ · ∨ ∨ — — \ \ \ ·
售货员：是的，我们有。我们今天有特价的。
쇼우 후 오옌 : 스 더, 워 먼 요우, 워 먼 진 티엔 요우 터 지아 더

\ \ / — — · / \
顾客：真的？多少折扣？
꾸 커 : 쩐 더 뚜어 샤오 저 코우

\ \ / — \ \ ∨ \ / \ /
售货员：根据货品的不同，2至3折。
쇼우 후 오옌 : 껀 쥐 화 핀 더 부 통 얼 즈 산 저어

\ \ \ · — · /
顾客：这个多少钱？
꾸 커 : 쩌 거 뚜어 샤오 치엔

\ \ / /
售货员：3000元。
쇼오 후 오옌 : 산첸 위엔

바이어 : 스판텍스바지 있습니까.
판매사원: 네, 있습니다. 오늘은 특별 세일을 하고 있습니다.
바이어 : 정말입니까. 어느 정도의 할인입니까.
판매사원: 물건에 따라 20에서 30% 싸게 해 드립니다.
바이어 : 이것은 얼마입니까.
판매사원: 네, 그것은 3,000위안입니다.

반복하기

(你们) 有T恤衫吗?
(니먼) 요우티 쉬 샨 마

(你们) 有风衣吗?
(니먼) 요우 펑 의 마

短外套在哪里?
단 와이 타오 짜이 나 리

多少钱?
뚜어샤오치엔

多少折扣?
뚜어샤오 쩌 코우

只有这个…?
쯔 요우 쩌 거

只有均码?
쯔 요우 준 마

(你们) 只有白色的吗?
(니먼) 쯔 요우 바이 싸 더 마

全棉的。
취엔 미엔 더

커트소(CUT SEW; 니트 종류)는 있습니까.
트렌치코트는 있습니까.
원마일자켓(ONE MILE JACKET; 조깅복)은 있습니까.
어느 정도~입니까.
얼마 정도 할인입니까.
~만(뿐)입니까.
프리사이즈만입니까.
흰색(WHITE COLOR)만입니까.
전부 면만입니다.

기타

1. 진짜↔ 가짜, 짝퉁	¯ ˇ ˋ 真的 ↔ 仿造的 쩐 더 ↔ 팡 짜오더
2. 싸게 해줄 수 있습니까.	ˇ ˊ ˇ ˊ 你能打折吗？ 니 넝 따 저 마

패션 관련 용어

중국어		발음	뜻
整装	zhěng zhuāng	정주앙	정장
休闲装	xiū xián zhuāng	씨우쌘주앙	캐주얼
裙子	qún zi	췬즈	스커트
连衣裙	lián yī qún	랜이췬	원피스
裤子	kù zi	쿠즈	바지
绅士服	shēn shì fú	썬쓰부	신사복
夹克	jiākè	쨔커	자켓
牛仔裤	niú zǎi kù	니우짜이쿠	청바지
紧身裤	jǐn shēn kù	찐썬쿠	스랙스
睡衣	shùi yī	쑤이이	파자마
衬衫	chèn shān	천싼	셔츠

4.가격흥정(얼마입니까)

(1) 谈价格
탄지아거

(2) 协商(多少钱…?)
씨에샹(뚜어샤오치엔)

顾客：这件连衣裙多少钱？
꾸 커 : 쩌 지엔 리엔 이 췬 뚜어 샤오 치엔

售货员：9800元。
쇼오후오 옌 : 지우첸빠바이위엔

顾客：零售价还是批发价？
꾸 커 : 링 쇼우지아 하이 스 피 파 지아

售货员：零售价。批发价是20件6500元。
쇼오 후오 옌 : 링 쇼우지아 피 파 지아 스 얼스지엔 류첸우바이위엔

顾客：有点贵。请给我50件6000元。
꾸 커 : 요 디알 꾸이 칭 게이 워 우스 지엔 류첸 위엔

售货员：好吧。
쇼오 후오 옌 : 하오 바

바이어 : 이 원피스는 얼마입니까.
판매사원: 9,800엔입니다.
바이어 : 소매가격입니까, 도매가격입니까.
판매사원: 소매가격인데, 도매가격은 20장 기준으로 6,500위안이 됩니다.
바이어 : 좀 비싸군요. 50장 살 테니까, 6,000위안으로 해 주십시오.
판매사원: 네, 좋습니다.

반복하기

有点儿贵。
요 디 알 꾸이

很贵。
헌 꾸이

很贵。
헌 꾸이

请给我便宜一点儿。
칭 게이 워 피앤 이 이 디 알

请给我打9扣。
칭 게이 워 다 지우저

便宜一点儿的价格。
피앤 이 이 디 알 더 지아 커

如果你买的多，我们可以给你便宜一点儿。
루 구어 니 마이 더 뚜어 워 먼 커 이 게이 니 피엔 이 이 디 알

多买可以给你比这个便宜的价格。
뚜어마이 커 이 게이 니 비 쩌 거 피엔 이 더 지아 커

这个产品是先付款吗？
쩌 거 찬 핀 스 센 푸 콴 마

这个产品是货到付款吗？
쩌 거 찬 핀 스 화 따오 푸 콴 마

\ ∨ \ — \ ∨
样品是先付款。
양 핀 스 센 푸 콴

∨ — — / · / · \ ∨
我应该什么时候付款?
워 잉 까이셤 머 스 호우 푸 콴

조금 비싸군요.
아주 비싸군요.
굉장히 비싸군요.
좀 싸게 해주십시오.
10% 정도 가격인하해 주십시오.
수량이 많으면 싸집니다.
많이 주문하면 싸집니다.
빅 오더(대량 주문; BIG ORDER)라면 싸집니다.
상품대는 선불입니까?
제품대는 후불입니까?
견본대금은 선불입니다.
언제 지불합니까?

패션 관련 용어

중국어		발음	뜻
报价	bào jià	바오 지아	가격제시(OFFER)
百分比	bǎi fēn bǐ	바이 펀 비	퍼센트(%)
该账	gāi zhàng	까이 장	외상
现金	xìan jīn	씨엔 진	현금(CASH)
信用卡	xìn yòng kǎ	씬 용 카	신용카드 (CREDIT CARD)
后付	hòu fù	호우 푸	후불
预付	yù fù	위 푸	선불
最小数量	zuì xǐao shù lìang	쭈이 씨아오 수 리앙	최소수량 (MINIMUM ORDER)
最多数量	zuì dūo shù lìang	쭈이 뚜오 수 리앙	최다수량 (MAXIMUM ORDER)
样品价款	yàng pǐn jìa kuǎn	양 핀 지아 쿠안	견본대금 (SAMPLE CHARGE)

5. 소재

原材料
위엔차이랴오

这种织物是什么原材料的？
쩌 중 즈 우 스 섬 머 위엔 차이랴오 더

98%棉，　2%弹力。
빠이펀즈지우스빠맨, 빠이펀즈얼 탄 리

是的，它很有弹性。
스 더 타 헌 요우 탄 싱

是的，它是很有弹性。
스 더 타 스 흔 요우 탄 싱

它是中国制造的吗？
타 스 중 구워 즈 자오 더 마

不，在中国纺织但在韩国染色的。
부, 자이 중 구워 방 저 단 짜이 한 구워 란 써 더

이 원단은 무슨 실입니까?
네, 98% 면이고 2%는 스판(SPUN)입니다.
하, 그렇습니까. 그러면 늘어나기 쉽겠네요.
네, 그렇습니다. 잘 늘어납니다.
중국산입니까.
아니오. 생산지는 중국산이지만 한국에서 염색한 것입니다.

반복하기

— \ / · / \ \ \
它是什么材料制造的?
타 스 섬 머 차이랴오 즈 자오 더

∨ \ ∨ ∨ / \ \ \
你们用哪种原料制造?
니 먼 용 나 종 위엔 랴오 즈 자오

∨ \ ∨ ∨ — \
你用哪种织物?
니 용 나 종 즈 우

/ \ — — /
50%棉，50%聚酯纤维。
바이펀즈우스 미엔 바이펀즈우스 쥐 즈 시엔웨이

/ / /
90%毛，10%尼龙。
바이펀즈지우스 마오 바이펀즈스 니 롱

— — \ \ ∨ / / — — \ — / /
Sato先生是日本人，毛先生是中国人。
사또 씨엔 성 스 르 번 런 마오 씨엔 성 스 중 구어 런

\ · / \ —
这个容易吃。
쩌 거 롱 이 츠

\ · / \ \
这个容易喝。
쩌 거 롱 이 허

\ · / \ —
这个容易穿。
쩌 거 롱 이 촨

\ · / \ \ ∨
这个容易缩水。
쩌 거 롱 이 수어 수이

\ · ∨
这个好吗?
쩌 거 하오 마

\ ∨
不好。
부 하오

ー ＼ ー ／ ＼ ＼
它是中国制造的。
타 스 중 구워 즈 자오 더
ー ＼ ∨ ／ ー ー ／ ＼ ＼
它是北朝鲜开城制造的。
타 스 뻬이 차오 센 카이 청 즈 자오 더
ー ＼ ＼ ／ ＼ ＼
它是越南制造的。
타 스 위에 난 즈 자오 더

이것은 무엇으로 만들었습니까?
그것은 어떤 것으로 제작했습니?
저것은 어떤 옷감으로 제작했습니까?
반은 코튼(COTTON)이며, 반은 포리에스테르 섬유입니다.
90%는 모(WOOL)이고, 나머지 10%는 나일론입니다.
사토씨는 일본사람이고, 마오씨는 중국사람입니다.
먹기 쉽(좋)습니다.
마시기 쉽(좋)습니다.
입기 쉽(좋)습니다.
잘 줄어듭니다.
잘 되었습니까?(=좋아졌습니까?)
좋지 않군요.
중국에서 만들었습니다.
북한의 개성에서 만들었습니다.
베트남에서 생산했습니다.

패션 관련 용어

중국어		발음	뜻
面布	miàn bù	맨뿌	겉감
里布	lǐ bù	리뿌	안감
扣子	kòu zi	커우즈	단추
辅料	fǔ liào	푸료우	액세서리
材质	cái zhì	차이즈	재료, 재질
面料	miàn liào	맨료	옷감
麻	má	마	마
人造丝	rén zào sī	런짜오쓰	레이온
支数	zhī shù	즈쑤	번수(실의 굵기)
股数	gǔ shù	구쑤	본수(실의 가닥수)
粗细	cū xì	추씨	굵기
混纺率	hùn fǎng lǘ	훈방뤼	혼용률
硬	yìng	잉	딱딱하다
柔软	róu ruǎn	러우롼	부드럽다
先染	xiān rǎn	시엔란	선염
后染	hòu rǎn	허우란	후염

6.사이즈

ˇ ˋ ˋ ˇ
尺寸（号码）
츠 춘 (하오 마)

(1) 여성복

ˇ ˉ
女装
뉘 주앙

(2) 남성복

ˊ ˉ
男装
난 주앙

(3) 아동복

ˊ ˉ
童装
통 주앙

\ \ / · ∨ \
那是什么尺寸的？
나 스 셤 머 츠 춘 더

— \ \
它是M号的。
타 스 엠 하오 더

∨ \ \ ∨
有大一点儿的吗？
요우 따 이 디 알 더 마

∨ \ \ \ ∨ — \
有，这是L号的。我知道。
요우, 쩌 스 엘 하오 더 워 쯔 다오

\ \ \ ∨ — / — ∨ \ \ —
看上去比中国的标准大一些。
칸 상 취 비 중 구오 더 비아오 준 따 이 씨에

∨ \ / — \ \ ·
我要量一下袖子。
워 야오 량 이 샤 씨우 즈

∨ ∨ ∨ ·
给你尺子。
게이 니 츠 즈

— / ∨ \ / \ \ — —
非常感谢。能去掉2公分吗？
페이 창 깐 씨에 넝 취 디아오얼 공 펀 마

그것은 무슨 사이즈(SIZE)입니까?
이것은 엠사이즈입니다.
그것보다 조금 큰 사이즈는 없습니까?
아니오, 있습니다. 이것은 엘사이즈입니다만.
그렇습니까. 중국스탠다드(STANDARD)보다 커 보입니다만.
기장을 재볼까요.
자는 여기에 있습니다.
정말(감사합니다.) 역시 길기 때문에 2센티미터 정도 자를 수 있을까요?

반복하기

我可以量一下你的尺寸吗?
워 커 이 량 이 샤 니 더 츠 춘 마

让我量一下你的尺寸。
랑 워 량 이 샤 니 더 츠 춘

我们要准备样品吗?
워 먼 야오 준 베이 양 핀 마

那件比这件短。
나 지엔 비 쩌 지엔뚜완

东大门 比 百货商店 更 亲切。
동 따 먼 비 바이 화 상 띠엔 껑 친 치에

韩国旅馆的收费比日本的贵。
한 구워 뤼 꾸안 더 소우 페이 비 르 번 더 꾸이

我们可以吃那个吗?
워 먼 커 이 츠 나 거 마

我们可以喝那个吗?
워 먼 커 이 허 나 거 마

我们要走吗?
워 먼 야오 조우 마

箱子上面有什么?
씨앙 즈 상 미엔 요우 셤 머

箱子里面有什么?
씨앙 즈 리 미엔 요우 셤 머

箱子下面有什么?
씨앙 즈 샤 미엔 요우 셤 머

\ v \ \ ·
熨斗在这里。
윤 도우 자이 저 리

v - \ \ ·
剪刀在这里。
칭 지엔 띠야오저 거

\ \ \ \ \ ·
计算器在这里。
칭 페이 링 따이

v v \ \ ·
请剪掉这个。
칭 지에 디아오 쩌 거

v \ v \
请配领带。
칭 페이 링 다이

v v — —
请解开它。
칭 지에 카이 타

사이즈를 재볼까요.
치수를 재봅시다.
샘플을 준비해야 합니까?
이것보다 그것이 짧군요.
백화점보다 동대문이 친절하군요.
호텔비는 한국이 일본보다 비싸군요.
먹어봐도 됩니까?
마셔봐도 됩니까?
가봐야 됩니까?
박스 위에 무엇이 있습니까?
박스 안에 무엇이 있습니까?
박스 밑에 무엇이 있습니까?
아이론이 여기에 있습니다.
가위가 여기에 있습니다.
전자계산기가 여기에 있습니다.
이것을 잘라 줘요.
이것을 이어 줘요.
이것을 풀어 줘요.

패션 관련 용어

중국어		발음	뜻
婴儿服	yīng ér fú	인얼푸	베비복
童装	tóng zhūang	퉁짱	아기
小码	xǐo mǎ	쇼마	스몰(SMALL)
中码	zhōng mǎ	쭝마	미디움(MEDIUM)
大码	dà mǎ	따마	라지(LARGE)
大尺寸	dà chǐ cùn	따츠춘	대칫수
小尺寸	xiǎo chǐ cùn	쑈츠춘	소칫수
胸围	xiōng wéi	쓩워이	가슴둘레
肩宽	jiān kuān	쨴콴	어깨폭
腰围	yāo wéi	요우워이	허리
摆围	bǎi wéi	바이워이	밑단
领子	lǐng zi	링즈	깃
前幅	gián fú	챈푸	앞단

7. 컬러

/ \
颜色
옌 써

\ · V \ V - · V / \
这个款式有多少种颜色?
쩌 거 콴 서 요우 뚜오 샤오 종 옌 써

V V - V / \ \ / / /
我们有3种颜色一红的，蓝的，黄的。
워 먼 요우 산 종 예 써 - 홍 더 란 더 황 더

/ \ -
不太多。
부 타이 뚜오

V \ \ / \ \ V
请用蓝色的做样品。
칭 용 란 써 더 주오 양 핀

V V / \ V V V
请把颜色染浅点。
칭 빠 옌 써 란 치안 띠엔

V \ \ / \ V \
好，这颜色怎么样?
하, 쩌 예 써 점 머 양

\ V \
那很亮。
나 헌 량

이 칼라는 몇 종류 있습니까.
레드와 블루, 옐로 3종류밖에 없습니다.
별로 많지 않군요.
견본은 이 블루컬러로 합시다.
그렇지만 너무 진한 컬러이므로 더 연하게 염색해 주십시오.
알겠습니다. 이 컬러는 어떻습니까.
그것은 아주 밝군요.

반복하기

\ V V \ V V - · V / \
这种款式你们有多少种颜色?
쩌 종 관 서 니 먼 요우뚜어샤오 종 옌 써

\ V \ \ / \ V \
这种面料的颜色很亮。
쩌 종 미엔 랴오 더 옌 써 흔 량

V V V - / \ \ / \ \
我们有很多白色的库存面料。
워 먼 요우 흔 뚜오 바이 써 더 쿠 춘 미엔 랴오

V V V - \
我们只有黑色的。
워 먼 즈 요우 헤이 써 더

V V V \ / / \
我们只有绿茶颜色的。
워 먼 즈 요우 뤼 차 옌 써 더

\ / \ \ V \ - V
库存面料只剩1码了。
쿠 춘 미엔 랴오 저 성 이 마 러

V \ \ V / \ \ \ V
请用这种颜色做样品。
칭 용 저 종 옌 써 주오 양 핀

V \ \ V / \ \ \ V
选定样品的颜色用这种。
센 띵 양 핀 더 옌 써 용 쩌 종

V \ \ V / \ \ V / \
请为样品调试这种颜色。
칭 웨이 양 핀 띠아오 스 쩌 종 옌 써

ˇ ˇ · / · / \
你喜欢什么颜色?
니 시 환 섬 머 옌 써

ˇ ˇ · / · ˇ \
你喜欢什么款式?
니 시 환 섬 머 콴 스

/ · / \ / ·
什么颜色合适?
섬 머 옌 써 허 스

이것은 몇 가지 색깔이 있습니까.
이 소재는 아주 화려한 색깔이군요.
이 하이트컬러는 재고가 많이 있습니다.
블랙컬러밖에 없습니다.
차색밖에 없습니다.
소재의 재고는 1야드 밖에 없습니다.
샘플컬러는 이것으로 합시다.
샘플컬러는 이것으로 결정합시다.
샘플컬러는 이것에 맞춥시다.
무슨 색깔을 좋아합니까.
무슨 스타일을 좋아합니까.
무슨 컬러가 맞습니까.

패션 관련 용어

중국어		발음	뜻
粉红色	fěn hóng sè	펀훙써	핑크
橙色	chéng sè	청써	오렌지
绿色	lǘ sè	뤼써	그린
紫色	zǐ sè	즈써	퍼플
灰色	hūi sè	후이써	그레이
华丽	huá lì	화리	화려함
单色	dān sè	딴써	단색
库存	kù cún	쿠춘	재고
烧杯试验	shāo bēi shì yàn	샤오뻬이쓰앤	비커테스트

8.음료수 주문

V – – –
点一点喝的。
띠엔이 띠엔 허 더

V \ V V · \ / ·
请坐。你喜欢喝什么？
칭 주오 니 시 환 허 셤 머

\ · V V V – / –
谢谢。请给我冰橘汁。
쎄 쎄 칭 게이 워 빙 쥐 즈

V V / \
好的，等一下。
하 오더 덩 이 샤

자, 앉아 주십시오. 마실 것은 무엇으로 하시겠습니까?
네, 죄송하지만 차가운 오렌지주스로 하겠습니다.
좋습니다. 기다려 주십시오.

반복하기

V V \ – / ·
你喜欢喝什么？
니 시 환 허 셤 머

V V \ – / ·
你喜欢喝什么？
니 시 환 허 셤 머

你最喜欢喝什么？
니 주이 시 환 허 셤 머

/ · – /
什么都行。
셤 머 도 씽

/ · – /
什么都行。
셤 머 도 씽

∨ ∨ ＼ ＼ – –
我想要热咖啡。
워 샹 야오 러 카 페이

∨ ∨ · /
我喜欢茶。
워 시 환 차

∨ ＼ /
水就行。
수이찌우 씽

∨ ∨
给你。
게이 니

∨ –
请喝。
칭 허

마실 것은 무엇이 좋습니까?
마실 것은 무엇이 좋습니까?
뭐 마시는 걸 제일 좋아하세요?
뭐든지 좋습니다.
뭐든지 좋습니다.
뭐든지 괜찮습니다.
저는 더운 커피로 하겠습니다.
저는 차로 하겠습니다.
저는 물로 하겠습니다.
자, 드릴게요.
자, 드십시오.

관련 용어

중국어		발음	뜻
番茄汁	fān qié zhī	판체즈	토마토쥬스
白糖	bái táng	바이탕	설탕
冰咖啡	bīng kā feī	삥카페이	아이스커피
调酒	tiáo jiŭ	토쥬	칵테일

9. 디자인 기획

设计计划
서 지 지 화

现在中国的流行设计是什么？
센 짜이 중 구어 더 러우 싱 서 지 스 셤 머

三里屯正流行军人风格。
산 리 툰 정 뤼 싱 쥔 런 펑 커

我知道了。这是我们的新产品。
워 쯔 다올 러 저 스 워 먼 더 신 찬 핀

颜色也是流行的。
예 서 예 스 뤼 싱 더

噢，好啊。对比色特别好。
오 하오 아 뚜이 비 서 터 베이 하오

请检查面料跟针脚。
칭 지엔 차 미엔 랴오 껀 전 자오

我知道。你想要哪种衬料？
워 쯔 다오 니 샹 야오 나 종 천 랴오

薄的2盎司的好。
빠오 더 얼 앙 스 더 하오

지금 중국에서는 어떤 스타일이 유행하고 있습니까.
산리툰에서는 밀리터리룩(MILITARY LOOK)이 유행하고 있습니다.
알겠습니다. 이것은 당사의 신상품입니다.
컬러도 트렌드에 맞혔습니다.
하, 멋있군요. 특히 배색(CONTRAST)이 잘 어울리는 군요.
박음질(STITCH)은 옷감에 맞혀 주기 바래요.
알겠습니다. 안감솜은 무엇을 쓸까요.
2온스로 얇은 것을 넣어주기 바랍니다.

반복하기

\ ∨ \ · − ∨ / ∨ \
这种料子摸起来很硬。
쩌 종 랴오 즈 모 취 라이 흔 잉

\ ∨ \ · − ∨ / ∨ \
这种料子摸起来很硬。
쩌 종 랴오 즈 모 취 라이 흔 잉

\ ∨ \ · ∨ / ∨ ∨
这种料子感觉很软。
쩌 종 랴오 즈 간 지에 흔 롼

∨ · \ / \ ∨ ∨ \ \ − ·
每个季节的样品你要做多少？
마이 거 지 지에 더 양 핀 니 야오 주오 뚜오샤오？

∨ · \ / \ ∨ ∨ \ \ − ·
每个季节的样品你要做多少？
마이 거 지 지에 더 양 핀 니 야오 주오 뚜오샤오？

∨ − − \ / ∨ ∨ \ / ·
你们公司的主要产品是什么？
니 먼 꽁 스 더 주 야오 찬 핀 스 션 머

∨ − − ∨ \ ∨ ∨ \ / ·
你们公司的主要产品是什么？
니 먼 꽁 스 더 주 야오 찬 핀 스 션 머

∨ − − \ \ ∨ ∨ \ / ·
你们公司的重要产品是什么？
니 먼 꽁 스 더 중 야오 찬 핀 스 션 머

∨
好的。
하오 더

− / ∨
非常好。
페이 창 하오

\ \ ·
太棒了。
타이 빵 러

\ \ \ / \
看上去不错。
칸 샹 취 부 추어

\ \ \ V V
看上去很好。
칸 샹 취 헌 하오

V V
很好。
흔 하오

/ \ /
决不薄。
쥬에 부 빠오

/ \ \ · /
不是那么薄。
부 스 나 머 빠오

/ \ /
决不薄。
쥬에 부 빠오

이 옷감의 감촉은 딱딱하군요.
이 소재(=옷감)의 터치(=감촉)는 딱딱하군요.
이 원단(=옷감)의 필링(=감촉)은 부드럽군요.
계절별 샘플은 몇 스타일 정도 제작합니까.
계절마다 샘플은 몇 스타일 정도 제작합니까.
귀사의 대표상품은 무엇입니까.
귀사의 메인(MAIN) 상품은 무엇입니까.
귀사의 주요상품은 무엇입니까.
정말 멋있군요.
정말 멋있군요.
정말 훌륭하군요.
아주 어울립니다.
딱 어울립니다.
잘 어울립니다.
전혀 연하지(얇지) 않습니다.
별로 연하지(얇지) 않습니다.
조금도 연하지(얇지) 않습니다.

패션 관련 용어

중국어		발음	뜻
男女通用	mán nǚ tōng yòng	난뉘퉁융	남녀공용
时装顾问	shí zhuāng gù wèn	쓰쫭꾸원	패션어드바이저
商店主人	shāng diàn zhǔ rén	쌍땐주런	상점주인
沟通	gōu gōng	꺼우퉁	콤비네이션
单层夹克	dān céng jiā kè	딴청쟈커	싱글자켓
双层夹克	shūng céng jiā kè	쐉청쟈커	더블자켓
流行色	liú xíng sè	류씽서	칼라트렌드

10.주문과 계약(결제)

\ - v / · \ v
订单与合同(付款)
띵 딴 위 허 통 푸 콴

(1)주문 (2)계약 (3)대금지불

\ -	/ ·	\ v
订单	合同	付款
띵 딴	허 통	푸 콴

我要定货因为样品很好。
워 야오 띵 후오 인 웨이 양 핀 흔 하오

谢谢。
쎄 쎄

款式1至3号各要100件，4、5号各要50件。
쿠안 서 이 즈 산 하오 꺼 야오 이바이 지엔, 쓰, 우 하오 꺼 야오 우쓰지엔.

总共400件。
총 공 쓰바이지엔

对吗？请检查颜色是不是配全了。
뚜이 마 칭 지엔 차 옌 써 스 부 서 페이 츄엔 러

回中国以后，我告诉你。
후이 중 구어 이 호우 워 까오 수 니

请确定所有的款式是否与以前给的样品相符。
칭 췌 딩 소 요우 더 콴 서 스 포 위 이 첸 게이 더 양 핀 샹 푸

请尽快。
칭 진 콰이

샘플이 좋아서 주문하겠습니다.
고맙습니다.
스타일넘버 1번부터 3까지는 각100장, 그리고 4번부터 5번은 50장씩입니다.
합계 400장이 되는군요.
그렇습니까. 사이즈와 컬러 구색(ASSORT)을 확인해 주십시오.
그것은 중국에 돌아가서 알려드리겠습니다.
그것보다는 전스타일 확인견본을 1장씩 만들어 승낙을 받아 주십시오.
지급(至急)으로 부탁합니다.

ˇ ˋ ˇ ˊ ˋ ˊ ˊ ˋ ˉ ˉ ˋ ˋ ˊ ˉ ˊ
请快点儿，无论如何下星期要到达中国。
칭 콰이 디 알, 우 룬 루 허 씨아 싱 치 요우 따 다오 중 구어。

ˇ ˇ ˋ ˉ ˇ ˉ ˋ ˋ ˉ
好。我们会遵守交货日期。
하오 워 먼 후이 주 쇼우 자오 후오 러 치。

ˇ ˋ ˋ ˇ ˋ ˊ
请付样品的价钱。
칭 부 양 핀 더 지아 치엔

ˇ ˉ ˋ ˋ ˇ ˇ ˇ ˇ ˇ ˊ ˊ ˋ ˋ
我们将以T/T付款。请给我你的银行账号。
워 먼 장 이 티 티 부 콴 칭 게이 워 니 더 인 항 장 하오

납기는 가능하면 빨리, 늦어도 내주 말까지는 중국에 도착하도록 부탁합니다.
네, 납기는 틀림없이 지키겠습니다.
샘플비(CHARGE)를 지불해 주십시오.
전신환베이스로 불입할테니까, 은행계좌를 가르쳐 주십시오.

반복하기

ˇ ˋ ˋ ˋ
我要订货。
워 야오 띵 후오

ˇ ˋ ˋ ˋ
我要订货。
워 야오 띵 후오

ˇ ˋ ˋ ˋ
我要订货。
워 야오 띵 후오

ˊ ˇ ˇ ˋ ˇ ˉ ˉ ˋ ˉ ˊ ˊ ˉ
从首尔到北京需要多长时间？
총 셔우 얼 다오 베이 징 수이 야오뚜오 창 스 지엔

ˋ ˉ ˉ ˋ ˉ
坐飞机大约两个小时。
쭈오 페이 지 다 위에 리앙 거 시아오 스

ˊ ˉ ˋ ˋ ˉ ˉ ˉ ˋ ˉ ˊ ˊ ˉ
从商店到工厂需要多长时间?。
총 샹 디엔 다오 공 창 쉬 야오 뚜오 창 스 지엔

ˋ ˉ ˇ ˋ ˉ ˉ
坐车只要10分钟。
쭈오 처 즈 야오 스 펀 중

ˇ ˋ ˉ ˉ
走路5分钟。
쩌우 루 우 펀 중

ˇ ˋ ˋ
请确定。
칭 취에 딩

ˇ ˊ ˋ
请承诺。
칭 청 누오

ˉ ˋ ˉ ˋ ˊ · ˊ · ˊ ˇ
交货期到什么时候截止？
자오후오 치 다오 셤 머 스 호우 지에 즈

ˉ ˋ ˉ ˋ ˊ · ˊ · ˊ ˇ
交货期到什么时候截止？
자오 후오 치 다오 셤 머 스 호우 지에 즈

ˇ ˊ · ˊ · ˇ ˇ ˋ ˋ
我什么时候给你送去？
워 먼 셤머 스 호우 게이 니 송 취

ˇ ˇ ˊ ˉ ˋ ˋ ˉ ˊ ˇ ·
请检查交货日期，别晚了。
칭 지엔 차 자오 화 러 치, 비에 완 러

ˋ ˉ ˋ ˊ ·
不需要合同。
부 쉬 야오 허 통

ˇ ˋ ˉ ˋ ˊ ·
我们不需要合同。
워 먼 부 쉬 야오 허 통

ˋ ˋ ˉ ˋ ˊ ·
这不需要合同。
쩌 부 쉬 야오 허 통

ˇ ˋ ˉ ˋ ˊ ·
我们不需要合同。
워 먼 부 쉬 야오 야오 허통

ˋ ˋ ˉ ˋ ˊ ·
这不需要合同。
쩌 부 쉬 야오 허 통

주문하겠습니다.
발주하겠습니다.
오더(ORDER)하겠습니다.
북경에서 서울까지 어느 정도 걸립니까.
-비행기로 2시간 정도 걸립니다.
가게에서 공장까지 어느 정도 걸립니까?.
-자동차로 딱 10분 걸립니다.
-걸어서 5분밖에 걸리지 않습니다.
승낙을 받아 주십시오.
승낙(ACCEPT 억셉프트)을 받아 주십시오.
납기는 언제까지입니까. 납기(DELIVERY 딜리벌리)는 언제입니까.
운송은 언제 할까요.
납기에 늦지 않도록 신경 써 주십시오.
제때 대도록 분발해 주십시오.
납기에 늦지 않도록 잘 체크해 주십시오.
계약서는 쓰지 않아도 좋아요.
계약서는 필요 없어요.
계약은 하지 않아도 괜찮습니다.

패션 관련 용어

중국어		발음	뜻
决定	júe dìng	쥐띵	결정
分类	fēn léi	펄러이	구색
提成/利润	tíchéng/ lǐ rùn	티청/리룬	수수료
头单	tóu dān	터우딴	첫주문
合同书	hé tòng shū	허퉁쑤	계약서
希望价格	xī wàng jìa gé	씨왕쨔거	희망가격
品质	pǐn zhí	핀즈	품질
数量	shù liàng	쑤량	수량

11. 패션쇼핑몰과 홈페이지

时装购物中心与主页
스 주앙고 우 중 신 위 주 에

你们有主页吗？
니 먼 요우 주 에 마

我们有。我们在筹建购物中心。
워 먼 요우 워 먼 자이 쳐우 지엔 고 우 중 신

请写下我们的地址。
칭 샤 사이 샤 워먼 더 띠 즈

样品做好后，我们能在主页上订货吗？
양 핀 쭈오하오 호우 워 먼 닝 짜이 주 예 샹 띵 후오 마

我们会那样做，那样很方便。
워 먼 후이 나 양 주오, 나 양 흔 방 피엔

我们可以在别的网站上使用你的照片吗？
워 먼 커 이 짜이비에 더 왕 디엔 샹 스 용 니 더 자오 핀 마

明白了。谢谢。
밍 바이 러 쎄 쎄

귀사는 홈페이지를 갖고 있습니까.
네, 갖고 있습니다. 작지만. 쇼핑몰을 운영하고 있습니다
어드레스를 말할 테니까, 받아 적어 주십시오.
새로운 샘플이 완성되어 홈페이지에 넣어 두면 주문이 가능하겠지요.
네, 편리하겠지요. 지금부터 그렇게 합시다.
홈페이지에 들어가 있는 상품의 사진을 다른 사이트에 사용해도 좋습니까.
네, 알겠습니다. 고맙습니다.

반복하기

ˇ · ˇ ˋ
你们有主页吗？
니 먼 요우 주 예 마

ˇ ˇ ˋ ˊ ˇ ˊ
你有个人主页吗？
니 요우 커 런 주 예 마

ˇ ˇ ˋ ˋ ˇ ˋ
你准备建主页吗？
니 준 베이 지엔 주 예 마

ˇ ˋ ˋ ˋ
小但是重。
샤오 단 서 중

ˋ ˋ ˋ ˋ ˋ ˋ ˇ
贵但是质量不好。
꾸이 단 서 즈 량 부하 오

ˋ · ˇ ˋ ˋ ˇ - ˊ ˋ ˇ ˋ
地方窄但是很多人在里面。
디 팡 자이 단 서 흔 뚜어 런 자이 리 미엔

귀사는 홈페이지를 갖고 있습니까.
귀사는 홈페이지를 운영하고 있습니까.
귀사는 홈페이지를 가동하고 있습니까.
작지만, 무겁군요.
비싸지만, 품질이 좋지 않군요.
좁지만, 사람이 꽉 들어갑니다.

관련 용어

중국어		발음	뜻
网络管理员	wǎng lùo guǎn lǐ yùán	왕뤄관리웬	웹마스터
服务器	fú wù qì	푸우치	서버
解决方案	jiě jué fāng àn	제죄팡안	솔루션
无线键盘	wú xiàn jiàn pán	우쌘쨴판	무선키보드
下载	xià zǎi	쌰짜이	다운로드
网站	wǎng zhàn	왕짠	웹사이트
在線 (=因特网) (=互联网)	zài xiàn yīn tè wǎng hù lían wǎng	짜이시엔 인터왕 후리엔왕	인터넷
在線购物商城 (=因特网购物商城)	zài xìan gòu wù shāng chéng yīn tè wǎng gòu wù shāng chéng	짜이시엔 꺼우샹청 인터왕 꺼우샹청	인터넷 쇼핑몰
因特网 時装购物商城	yīn tè wǎng shí zhūang gòu wù shāng chéng	인터왕 스짱꺼우샹청	인터넷 패션쇼핑몰
博客	bó kè	보커	블로그
视频网站	shì pín wǎng zhǎn	스핀왕짠	UCC
购物中心	gòu wù zhōng xīn	꺼우쫑신	쇼핑몰(센터) (=현대식대형상점가)

12.납기

交货日期
자오 화 러 치

你们什么时候能完成生产?
니 먼 셤 머 스 허우 넝 완 청 셩 찬

要一个星期。
야오 이 거 싱 치

为尽快交货，完成后马上送给我。
웨이 진 콰이 자오 화, 완 청 호우 마 샹 송 게이 워

货到付款。
화 다오 푸 콴

我知道。如果延期交货，给我打电话或者给我发E-MAIL。
워 쯔 다 오 러 구어 옌 치 자오 화, 게이 워 따 띠엔 화 후오 저 게이 워 파 이메일

好的，我会做的。
하오 더 워 후이 주오 더

请把这个包裹送到饭店。
칭 파 쩌 거 파오 구오 송 다오 판 디엔

好。你住在哪个饭店?
하오 니 주 짜이 나 거 판 디엔

首尔饭店，1234号。
서우 얼 환 디엔 이얼산쓰 하오

如果我不在房间，请把它存放在前台。
러 구어 워 부 짜이 팡 지엔 칭 파 타 춘 팡 짜이 치엔 다이

请把发票一起送来。
칭 바 파 피아오 이 치 송 라이。

생산은 언제 끝납니까.
이번 주 쭉 걸린다고 합니다.
끝나는 대로 택배로 보내주십시오.
배송료는 착불이에요.
네, 알고 있습니다. 만약 하루라도 늦어지면 미리 연락해주십시오.
네, 지시대로 하겠습니다.
이 물건은 호텔로 보내 주십시오.
네, 알았습니다. 어디에 머물고 계십니까.
서울호텔입니다만, 방번호는 1234호입니다.
만약 내가 없으면 프론트데스크에 맡겨 주십시오.
인보이스(INVOICE, 상업송장)도 잘 준비해 주십시오.

반복하기

哪天运输?
나 티엔 윈 수

哪天装船?
나 티엔 주앙 촨

哪天装船?
나 티엔 주앙 촨

哪天空运?
나 티엔 공 윈

主要产品能推迟3天交货吗?
주이야오 찬 핀 넝 투이 처 산 티엔자오 화 마

能推迟10天交货吗?
넝 투이 츠 스 티엔 자오 화 마

海运可能要推迟5天。
하이 윈 커 넝 야오투이 츠 티 엔

请推迟3天交货。
칭 투이 츠 산 티엔 자오 화

请把海运日期推迟一星期。
칭 빠 하이 윈 르 치 투이 츠 이 싱 치。

请把交货日期推迟到20日。
칭 빠 자오 화 르 치 투이 츠 다오알스 르

用快递送给我。
용 콰이 띠 송 게이 워

\ / - \ \ V V
用航空信寄给我 。
용 캉 콩 신 지 게이 워

\ \ \ V
货到付款。
화 다오 푸 콴

- \ V
先付款。
셴 푸 콴

\ \ \ \ \
顾客付运费。
구 커 푸 윈 페이

V - - - V
请先通知我。
칭 셴 통 즈 워

V - - - V
请先通知我。
칭 셴 통 즈 워

물건 출하는 언제입니까.
제품 선적(SHIPPING)은 언제입니까.
선적(ON BOARD)은 언제입니까.
언제 비행기에 태울 수 있습니까.
본 생산이 3일 정도 늦어질지도 모릅니다.
납기가 10일 정도 늘어질 지도 모릅니다.
선적이 5일 정도 늦어질지도 모릅니다.
납기를 3일 정도 연기해 주십시오.
선적일자(SHIPPING DATE)를 1주일간 연장해 주십시오.
납기를 20일까지 연기해 주십시오.
스피드 포스트(EMS)로 발송해 주십시오.
비행기편으로 보내주십시오.
운임은 일본부담입니다.---수입자 부담이라는 뜻
발송비는 한국부담입니다.---판매자부담이라는 뜻
운임(FREIGHT CHARGE)은 저쪽(일본)부담입니다.
미리(=사전에) 연락해 주십시오.
미리(=사전에) 알려 주십시오.

관련 용어

중국어		발음	뜻
先付 xīan fù ⟷ 后付 hòu fù		쌘푸	선불 ↔ 후불
现款	xiàn kuǎn	시엔콴	출하
出厂价	chū chǎng jià	추창쟈	공장인도
货物	huò wù	훠우	화물
集装箱	jí zhuāng xīang	지좡썅	콘테이너
普通船	pǔ tōng chuán	푸퉁촨	일반화물선박
快艇	kuài tǐng	콰이팅	페리
信用证	xìn yòng zhèng	씬융쩡	신용장
收据	shōu jù	셔우쥐	영수증
现金	xìan jīn	시엔진	현금

13. 견본실(패턴제작)

\ ∨ - -　\ ∨ \ \
样板车间（样板制做）
양 팡 처 지엔 (양 판 즈 주오)

(1)요척	(2)형지제작	(3)재단	(4)생산수
- \ \ 需要量 쉬 야오 량	\ \ ∨ \ 制做纸样 즈 주오 즈 양	/ ∨ 裁剪 차이지엔	\ \ 数量 수 량

\ \ ∨ \　∨ - ∨
这是纸样，请参考。
쩌 스 즈 양　칭 찬 카오

\ · ∨ \ ∨ ∨ \
这个纸样很准确。
쩌 거 즈 양 흔 준 췌

\ ·　- / - -　∨ / ∨
是的，非常清晰，很完美。
스 더　페이 창 칭 시,　흔 완 메이。

\　\ / - / - -　∨ / ∨
是的。线条非常清晰，很完美。
스 더　센티야오 페이 창 칭 시,　흔 완 메이。

\ ∨ - \ \ \ \　∨　- \ ∨ - / / ∨　\ ∨
为了穿上后漂亮，我们需要清晰和完美的样板。
웨이 러 촨 샹 허우 피아오 량,　워 먼 쉬 야오 칭 시 허 완 메이 더 양 반

이것은 원형지인데, 참고해주십시오.
굉장히 정교(SHARP)한 형지군요.
그렇습니다. 깨끗하고 정확하게 제작한 것이겠지요.
그대로입니다. 선이 가늘고 정교하군요.
그렇지 않으면 예쁜 옷을 만들 수가 없으니까요.

반복하기

一套衣服需要多少量。
이 타오 의 푸 쉬 야오뚜오샤오 량

一件衣服需要多少量。
이 진 의 푸 쉬 야오 뚜어샤오 량

44英寸宽的我们需要5码。
쓰스쓰잉 춘 콴 더 워 먼 쉬 야오우 마

30英寸宽的我们需要8码，包括损耗。
산스 잉 춘 콴 더 워 먼 쉬 야오 빠마, 빠오 쿠어 쑨 하오

请核实净尺寸 。
칭 허 스 징 츠 춘

请做6毫米的边。
칭 주오류 하오 메이 더 비엔

请做M号。
칭 주어 엠 하오

纸样是手工做的吗？
즈 양 스 쇼우 공 주 오더 마?

纸样是用CAD做的吗？
즈 양 스 용 캐드 주 오더 마?

我们用加拿大的PAD。
워 먼 용 지아 나 다 더 패드

我们用日本的YUKA。
워 먼 용 러 번 더 유카

裁剪后告诉我件数。
차이지엔 호우 까오 수 워 지엔 슈。

请快点儿告诉我裁剪件数。
칭 콰이 디 알 까오 수 워 차이 지엔 지엔 슈.

为区分不同的颜色，编号很重要。
웨이 추 펀 부 동 더 옌 써 삐엔 하오 흔 중 야오

为区分不同的颜色，编号很重要。
웨이 추 펀 부 동 더 옌 써 삐엔 하오 흔 중 야오

请编号。
칭 삐엔 하오

请去掉粉笔痕迹。
칭 취 띠아오 펀 비 헌 지

请用喷雾去掉粉笔痕迹。
칭 용 펀 우 취 띠아오 펀 비 헌 지

这是修改后的样品。
쩌 스 수 카이 호우 더 양 핀

这是原来的样品。
쩌 스 원 라이 더 양 핀

1벌에 요척은 어느 정도 필요합니까.
1장에 요척은 어느 정도 필요합니까.
44인치 폭으로 5야드가 필요합니다.
30인치 폭으로 로스(LOSS) 넣고, 8야드가 필요합니다.
귀퉁이(원단 양쪽 끝)는 빼고 재주십시오.
시접은 6밀리로 해줘.
사이즈는 M치수를 제작해 주십시오.
형지는 수작업입니까.
형지는 CAD로 만듭니까.
캐나다제 PAD를 사용하고 있습니다.
일본제 YUKA를 쓰고 있습니다.
재단하고 나서 매수를 알려 주십시오.
재단매수를 재빨리 알려 주십시오.
이 색이니오지 않도록 넘버링을 확실히 해야 합니다.
이 색을 피하기 위해 넘버링을 확실히 해야 합니다.
넘버링을 확실히 하세요.
분필 자국(CHALK MARK)은 깨끗이 없애 주십시오.
분필 흔적은 스프레이(SPREY)로 지워 주십시오.
이것은 수정견본입니다.
이것은 원견본입니다.

패션 관련 용어

중국어		발음	뜻
纸样师	zhǐ yàng shī	즈양쓰	패턴사(구=재단사)
皮尺	píchǐ	피츠	줄자
小剪刀	xiǎo jiǎn dāo	쑈쟨또우	쪽가위
打褶	dǎ zhě	따저	다츠
拉链	lā liàn	라리앤	지퍼
裁床	cái chúang	차이촹	재단대

14. 본생산

ˇ ˋ ˇ ˇ
主要产品
주 야오산 핀

(1)자가공장	(2)하청제작	(3)해외공장	(4)북한개성공장
ˋ - - ˇ 自家工厂 저 지아 공 창	ˇ - - ˇ 转包工厂 주완바오 공 창	ˋ ˊ - ˇ 外国工厂 와이구어 공 창	ˇ ˊ - - ˊ - ˇ 北朝鲜开城工厂 베이차오 센 카이 청 공 창

ˇ - ˇ ˋ ˇ ·
你的工厂在哪里？
니 더 공 창 자이 나 리

- ˇ ˋ ˋ ˋ
工厂在附近。
공 창 자이 푸 진

ˇ ˇ - ˋ ˋ ·
走5分钟就到了。
조우우 펀 중 지우 따오 러

ˋ ˋ · ˇ - ˋ
近的地方很方便
진 더 디 팡 흔 빵 비엔

ˋ
是的。
스 더

ˋ · ˇ ˋ - - ˇ
这是你的自家工厂？
쩌 스 니 더 쯔 지아 공 창

ˊ ˋ ˋ ˋ ˋ - - ˇ ˊ ˋ ˋ ˋ ˇ - - ˇ
是的，一部分是自家工厂，一部分是转包工厂。
스 더, 이 부 펀 서 저 지아 공 창, 이 부 펀 스 주완바오 공 창

ˋ ˋ ˋ ˋ ˋ - ˇ - - ˊ ˋ ˋ ˇ - ˇ ˊ ˊ
部件在附近的工厂加工，缝纫在我的工厂完成。
뿌 지엔 자이 푸 지앤 더 공 창 자 공. 펑 런 자이 워 더 공 창 완 청

공장은 어디에 있습니까.
공장은 이 근처에 있습니다.
걸어서 5분 걸립니다만.
가까워서 편리합니다.
네, 그렇습니다.
자가공장입니까 ?
네, 자가공장도 있고, 하청공장도 쓰고 있습니다.
부품은 근처 하청공장에서 하고, 합봉과 마무리는 자가공장에서 합니다.

반복하기

\- V \ - /
工厂在中国。
공 창 자이 중 구워

\- V \ V / - - /
工厂在北朝鲜的开城。
공 창 자이 베이차오 센 더 카이 청

\ V V V
工厂在首尔。
공 창 자이 셔우 얼

/ \ V \
不近 ↔ 很近
부 진 헌 진

/ - -
不多 ↔ 多
부 뚜오 뚜오

/ \ \
不大 ↔ 大
부 따 따

V / / / \ / / - \ V - V \
检查和全部完成都在我们的工厂做。
지엔 차 허 취엔 부 완 청 떠우 짜이 워 먼 더 공 창 주오

\ \ - - V - - V \
各部分在转包工厂做。
꺼 부 펀 자이 주완바오 공 창 주오

裁剪在我们自家工厂，缝纫在我们的转包工厂。
차이지엔짜이 워 먼 저 지아 공 창, 펑 런 짜이 워 먼 더 주완바오 공 창

包装在我们自家工厂。
빠오 장 짜이 워 먼 저 지아 공 창

包装在其他工厂。
빠오 장 짜이 지 타 공 창

包装在转包工厂。
빠오 장 짜이주완 빠오 공 창

你的生产能力怎么样？
니 더 셩 찬 넝 리 점 머 양

你能生产多少件？
니 넝 셩 찬 뚜오 샤오 지엔

每天20件短外衣。
메이 티엔 알스지엔 뚜완와이 이

每天100条裤子。
메이티엔 이바이티야오 쿠 즈

一套一个月1500件。
이 타오 이 거 위에 이첸우바이지엔

我们一件一件检查。
워 먼 이 진 이 진 지엔 차

我们随机抽查。
워 먼 수이 지 초우 차

我们不检查。
워 먼 부 지엔 차

ˇ ˇ ˉ ˉ ˊ ˋ ˉ ˋ
请把标签缝在腰部。
칭 빠 비야오 치엔 펑 짜이 야오 부

ˇ ˇ ˇ ˊ ˉ ˊ ˉ ˉ ˊ ˋ ˉ ˋ
请把洗涤说明标签缝在腰部。
칭 빠 씨 디 슈어 밍 삐야오 치엔 펑 짜이 야오 부

ˇ ˇ ˊ ˇ ˋ ˉ ˉ ˊ ˋ ˉ ˋ
请把原产地标签缝在腰部
칭 빠 위엔 찬 띠비야오치엔 펑 짜이 야오 부

ˇ ˇ ˋ ˉ ˋ ˊ ˋ
请把挂签挂前面。
칭 빠 구와 친엔 구와 첸 멘

공장은 중국에 있습니다.
공장은 북한의 개성에 있습니다.
공장은 서울시내에 있습니다.
가깝지 않습니다.(=가깝지 않습니다.)↔가깝습니다.
많지 않습니다.(많지 않습니다.)↔많습니다.
크지 않습니다.(크지 않습니다.)↔큽니다.
검품과 마무리는 자작공방에서 합니다.
부품은 하청공장에서 합니다.
재단만 자가공장에서 하고, 봉제는 외주입니다.
포장은 자가공장에서 합니다.
포장은 외주입니다.
포장(PACKING)은 하청공장에서 합니다.
생산능력(CAPACITY)은 어느 정도입니까.
생산능력은 어느 정도입니까.
자켓베이스로 일산(일일생산량) 20장입니다.
바지베이스로 일산 100장입니다.
원피스베이스로 월산(월생산량) 1,500장입니다.
한 장 한 장(PIECE BY PIECE) 검품입니다.
무작위(RANDAM)추출검사입니다.
검사는 생략하겠습니다.
케어라벨(CARE LABEL)은 옆구리 왼쪽에 꿰매 주십시오.
세탁품질라벨은 옆구리 왼쪽에 끼어 박아 주십시오.
원산지 라벨 옆구리 왼쪽에 끼어 박아(걸어) 주십시오.
택(TAG)은 앞판 오른쪽에 달아 주십시오.

패션 관련 용어

중국어		발음	뜻
裁剪	cái jiăn	차이잰	재단
缝纫	féng rèn	펑런	봉제, 박음질
整烫	zhěng tàng	쩡탕	아이론, 다림질
包装	bāo zhūang	뽀우좡	포장
成件	chéng jiàn	청잰	1인 전공정봉제 시스템(셀공정)
流水	liú shuĭ	류쑤이	라인작업(콘베어 공정)
包装袋	bāo zhuāng dài	뽀우쫭따이	포리백
挂牌	guà pái	꽈파이	가격표찰
吊牌	diào pái	뚀파이	가격표찰
品牌	pĭn pái	핀파이	브랜드
原产地	yuán chăn dì	왠찬지	원산지

15. 서류(선적서류)

ˉ ˊ ˊ ˋ
装船文件。
장 촨 원 지엔 。

ˇ ˋ ˋ ˇ ˇ ˇ ˋ ˉ ˉ ˊ ˋ
我要带走，请准备通关文件。
워 야오 따이 조우, 칭 준 뻬이 통 구완 원 지엔

ˇ ˇ ˊ ˋ ˇ ˇ ˋ
好的，等一下。我准备。
하오 더, 덩 이 샤, 워 준 베이

ˇ ˋ ˊ ˉ ˉ ˋ
请注明非商用。
칭 주 밍 페이 샹 용

ˊ · ˊ · ˉ ˊ ˊ ˋ ˊ ˇ ˋ ˇ
什么时候装船文件能准备好？
션 머 스 호우 장 촨 원 지엔 넝 준 베이 하오

ˋ ˋ ˇ ˋ ˇ ˋ ˉ ˋ ˉ ˉ ˇ · ˋ ˉ ˉ ˉ ˉ ˉ
现在我们正准备分类包装。我们要做包装清单。
센 자이 워 먼 정 준 베이 펀 레이 빠오주앙, 워 먼 야오 쭈오빠오주앙 칭 단

ˇ ˋ ˊ ˊ ˋ ˇ ˇ ˋ ˋ
我们一完成就给你送去。
워 먼 이 완 청 지우 게이 니 송 취

ˋ ˋ ˋ ˊ ˇ · ˋ ˇ ˋ ˊ ˉ ˇ ˉ ˇ ˇ ˉ
现在是年底了，用海运时间已经很紧张，
센 자이 스 니엔띠이 러, 용 하이 윈 스지 엔 이 징 헌 진 장

ˇ ˉ ˇ
请抓紧。
칭 주와 진

ˇ ˊ ˋ ˉ ˉ
好，不用担心。
하오, 부 용 단 신

ˇ ˋ ˇ ˊ ˉ ˋ
我们会准时交货。
워 먼 후이 준 서 자오후오

이것 가지고 갈(HAND CARRY) 테니까 통관을 위해상업송장을 써 주십시오.
네, 잠시 기타려 주십시오. 준비하겠습니다.
무상(NO COMMERCIAL BASE)이라고 써 넣으라구.
선적서류는 언제 완성됩니까.
지금 구색을 맞추는 포장이어서 리스트 작성하는 데 시간이 걸립니다.
입수하는 대로 송부하겠습니다.
연말여서 배가 빡빡(TIGHT)하므로 서둘러 주겠습니까.
네, 걱정하지 말아 주십시오.
늦지 않도록 분발하겠습니다.

반복하기

ˇ / \
等一下。
덩 이 샤

ˇ ˇ / \
请等一下。
칭 덩 이 샤

ˇ ˇ / \
请等一下。
칭 덩 이 샤

ˇ \ \ ˇ - / ˇ \ - \
我正为我的家庭努力工作。
워 정 웨이 워 더 지아 팅 누 리 꽁 쭈어

ˇ ˇ ˉ ˇ · ˋ ˉ ˋ
我给她写了一封信。
워 게이 타 씨에 러 이 펑 신

ˇ ˋ ˇ ˉ ˋ ˊ ˋ ˋ
我会给他寄明信片。
워 후이 게이 타 지 밍 신 피엔

ˋ ˉ ˉ ˇ ˋ ˋ ˊ ˊ ˊ ˇ ˋ
那些商品是为儿童节准备的。
나 시에 샹 핀 스 웨이 얼 동 지에 준 베이 더

ˋ ˋ ˋ ˉ ˋ ˊ ˇ ˇ ˋ
这是为八月十五号准备的。
저 스 웨이 빠 위에 스 우 하오 준 베이 더

ˋ ˋ ˋ ˉ ˊ ˇ ˋ
这是为新年准备的。
저 스 웨이 신 니엔 준 베이 더

ˋ ˋ ˊ ˋ ˇ ˋ ˊ ˇ ˋ
这是为日本市场准备的。
저 스 웨이 러 번 스 창 준 베이 더

ˋ ˋ ˋ ˊ ˇ ˇ ˊ
现在是年底，很忙。
센 자이 스 니엔 디 헌 망

ˉ ˉ ˋ ˋ ˇ ˇ ˊ
今天是月底，很忙。
진 티엔 스 위에 디 헌 망

ˉ ˉ ˋ ˋ ˇ ˇ ˇ ˉ
今天是月底，很紧张。
진 티엔 스 위에 디 헌 진 장

ˇ ˋ ˊ ˋ
请用E-MAIL回复。
칭 용 이메일 후어 푸

ˇ ˉ ˋ ˋ ˇ ˇ ˇ ˉ ˊ ˉ
你收到后，请给我发传真。
니 셔우다오호우, 칭 게이 워 파 촨 전

ˇ ˉ ˋ ˊ ˇ ˇ ˇ ˉ ˊ ˉ
你收到后，请给我发传真。
니 셔우 다오호우, 칭 게이 워 파 촨 전

ˇ ˋ ˉ ˋ ˋ ˋ ˊ ˋ ˋ ˇ ˇ ˋ ˋ
我们一收到那份文件，就给你们送去。
워 먼 이 셔우 다오 나 펀 원 지엔, 찌우 게이 니 먼 송 취

ˇ ˋ ˊ ˊ ˋ ˋ ˊ ˋ ˋ ˇ ˇ ˋ ˋ
我们一完成那份文件，就给你们送去。
워 먼 이 완 청 나 펀 원 지엔, 찌우 게이 니 먼 송 취

ˇ ˋ ˊ ˊ ˋ ˋ ˊ ˋ ˋ ˇ ˇ ˋ ˋ
我们一完成那份文件，就给你们送去。
워 먼 이 완 청 나 펀 원 지엔, 찌우 게이 니 먼 송 취

잠시만 기다려 주십시오.
조금 기다려 주십시오.
잠깐만 기다려 주십시오.
가족을 위해 열심히 일하고 있습니다.
그녀를 위해 편지를 씁니다.
그 남자를 위해 그림엽서를 보내겠습니다,
어린이날(판매)용 물건입니다.
오봉날(양력 8월 15일)용 상품입니다.
설날용 물건입니다.
일본(수출)용 상품입니다.
연말이므로, 혼잡합니다.
말일이므로, 혼잡합니다.
말일이므로, 빡빡(TIGHT)합니다.
지급 이메일로 답변해 주십시오.
받은 즉시 곧 팩스로 답변 부탁합니다.
받은 즉시 곧 팩스로 회답해 줘.
서류는 입수하는 대로 보내겠습니다.
서류는 완성되는 대로 보내겠습니다.
서류는 갖춰지는 대로 보내겠습니다.

관련 용어

중국어		발음	뜻
明细表	mính xì biăo	밍씨뱌	명세서
内容	nèi róng	너이룽	내역서
发票	fā piào	파피아오	영수증
免费	miăn fèi	맨퍼이	무상(=무환)
无偿	wú cháng	우창	무상
有偿	yŏu cháng	유창	유상
商业发票	shāng yè fā biào	쌍예파피아오	선하증권

16. 상담 약속하기

安排商业会见
안 파이 상 워에후이지엔

下星期，我去日本出差。
씨아 싱 치 워 취 러 번 추 차이

我希望10日拜访你们公司，怎么样？
워 시 왕 스 르 바이 팡 니 먼 공 쓰, 젼 머 양

好的，到现在为止我们没有安排其他约会。
하오 더 따오 센 짜이 웨이 즈 워 먼 메이 여우 안 파이 치 타 웨 후이

我10点以前到你们公司。
워 스 디엔 이 첸 다 오니 먼 공 쓰

好，我会等你。
하오 워 후이 등 니

你们公司在什么位置？
니 먼 공 쓰 짜이 셤 머 웨이 즈

我不知道。告诉我乘地铁怎么走。
워 부 즈 다오 까오 수 워 청 띠 티에 젼머 조 우

你住在哪个饭店？
니 주 짜이 나 거 판 띠엔

北京饭店。
베이징 판 띠엔

我们乘地铁可以直达。
워 먼 청 띠티 에 커 이 즈 따

你一到北京就给我打电话。
니 이 따오 베이 징 찌우 게이 워 따 띠엔 화

내주, 일본출장예정입니다.
10일날, 귀사에 들리고 싶은데, 형편은 어떻습니까.
네, 현재로서는 별다른 약속(APOINT)이 없습니다.
그러면 오전 10시에 사무실로 가겠습니다.
네, 좋습니다. 즐거운 마음으로 기다리고 있겠습니다.
그런데, 장소는 아십니까.
잘 모릅니다. 지하철로 가는 길을 가르쳐 주십시오.
어느 호텔에 묵으십니까.
베이징호텔입니다.
지하철 타면 곧 바릅니다.
북경에 도착하면, 전화 주세요.

반복하기

V \ - / - \ V / / - V \ V \
你到中国商务旅行的时间表是怎样的？
니 따오 중 구워 샹 우 뤼 싱 더 스 지엔 비아오 스 쩐 양 더

V V / \ / \ V \ - / / -
我想核对一下你在中国的时间。
워 샹 허 뚜이 이 샤 니 짜이 중 궈 더 스지 엔

/ V V \ - / / / - - \ \ \ V V
如果我去中国，什么时间方便去拜访你？
러 구 워 취 중 구어 셤 머 스지 엔 팡 삐엔 취 바이 팡 니

/ \ / V \ /
没问题，我不忙。
메이 원 티, 워 부 망

V V / V / - - \
好的。我没有其他约会。
하오 더, 워 메이 요우 치 타 웨 후이

V \ - V V - - V / -
好的，那天我整天都有时间。
하오 더, 나 티엔 워 정 티엔 도 요우 스 지엔

\ v v v \ v \ - \
上午10点我去你的办公室。
샹 우 스 디엔 워 취 니 더 빤 공 서

\ v v v \ v - -
上午10点我去你的公司。
샹 우 스 디엔 워 취 니 더 공 쓰

\ v v \ v \ - \
上午我去你的办公室。
샹 우 워 취 니 더 빤 공 서

/ v \ \ v v v v v - ·
如果是上午10点，我可以答应。
러 구어 서 샹 우 스디 엔, 워 커 이 따 잉

\ v v v
上午10点，好的。
샹 우 스디 엔, 하오 더

\ v v v
上午10点，好的。
샹 우 스디 엔, 하오 더

\ / · v \ v \
为什么你要访问？
웨이 션 머 니야 오 팡 원

v v v \ / · \ /
你想讨论什么问题？
니 샹 타오 룬 션 머 원 티

v \ \ \ / \ / ·
你的会议议程是什么？
니 더 후이 이 이 청 스 션 머

중국출장 가는데, 스케줄은 어떠십니까.
중국에 가는데, 형편확인하고 싶은데요.
중국에 가는데, 언제쯤 방문하면, 좋을까요.
괜찮습니다. 별다른 일은 없으니까요.
좋습니다. 다른 약속은 없습니다.
괜찮습니다. 그 날은 하루 종일 비어 있습니다.
오전 10시에 사무실로 가겠습니다.
오전 10시에 귀사로 찾아가겠습니다.
오전에 귀사로 가겠습니다.
10시라면 승낙하겠습니다.
10시라면 좋습니다.
10시라면 괜찮습니다.
용건은 무엇입니까.
무슨 용건입니까.
상담의 아젠다(AGENDA 안건)는 무엇입니까.

관련 용어

중국어	발음	뜻
约定 yuē dǐng	위에띵	약속
会议 huì yì	후이이	회의
预定 yù dìng	위띵	예약
取消 qǔ xiāo	취시아오	취소

17. 중국유행

中国新的流行
중 구어신 더 뤼 싱

现在，中国什么时尚流行？
시엔 자이, 중 구어 셤 머 스 샹 리우 싱

流行含2%弹力丝的牛仔布。
류 싱 한 빠이펀즈얼탄 리 스 더 니우 자이 뿌

薄的不对称刺绣素材。
빠오 더 부 뚜이 천 츠 씨우 수 차이

还有，流行七分裤。
하이 요, 리우 싱 치 펀 쿠

啊哈，面料要薄和轻。
아 하, 미엔 랴오 야오 빠오 허 칭

什么理由？
셤 머 리 요우

理由是暖冬。
리 요우 스 누완 동

최근 중국에서는 어떤 스타일이 유행하고 있습니까.
겨울상품은 역시 2%스펀이 들어간 데님(DENIM)으로 만든 물건입니다.
게다가 얇은 원단에 언발란스(UNBALANCE) 무늬자수가 들어간 것입니다.
과연, 길이는 7부가 인기입니다.
그렇군요. 원단은 점점 얇아지며, 가벼운 것이 인기입니다.
왜 그렇습니까.
이상기온으로, 겨울에도 따뜻해졌기 때문입니다.

반복하기

\- / / / / \ \
中国流行什么样式?
중 구어 류 싱 셤 머 양 스

\ - \ · - / / / / \ \
这些日子中国流行什么样式?
저 씨에 르 즈 중 구어 리우 싱 셤 머 양 스

\ - \ · - / / / / \ \
这些日子中国流行什么样式?
저 씨에 르 즈 중 구어 리우 싱 셤 머 양 스

/ - / / - \ / \ / / \ V / - \ \ \
年轻人的服装看来会流行经典和军事样式的。
니엔 칭 런 더 푸 주앙 칸 라이 후이 리우 싱 징 띠엔 허 쥔 서 양 스 더

/ - / · - \ / \ / / \ V / - \ \ \
年轻人的服装看来会流行经典和军事样式的。
니엔 칭 런 더 푸 주앙 칸 라이 후이 리우 싱 징 띠엔 허 쥔 서 양 스 더

/ - / · - \ / \ / / \ V / - \ \
年轻人的服装看来会流行经典和军事样式的。
니엔 칭 런 더 푸 주앙 칸 라이 후이 리우 싱 징 띠엔 허 쥔 서 양 스 더

\- - · V ·
她的衣服很好。
타 더 의 푸 헌 하오

\- - · V V
她的衣服很好。
타 더 의 푸 흔 하오

\- - · \ V V
她的衣服太好了。
타 더 의 푸 타이하오 러

\- \ - / \ \ \ \ \ / \
他的套装和领带看上去不错。
타 더 타오 주앙 허 링 따이 칸 샹 취 부 추어

\- \ - / V \ / \ V
他的套装和领带同样好。
타 더 타오 주앙 허 링 따이 통 양 하오

\- V \ / / - \ \ \ / \
她的手套和皮包看上去不错。
타 더 쇼우 타오 허 피 빠오 칸 샹 취 부 추어

최근 중국에서는 어떤 스타일이 유행하고 있습니까.
요즈음 중국에서는 어떤 스타일이 유행하고 있습니까.
요즈음 중국에서는 어떤 스타일이 유행하고 있습니까.
젊은이에게는 클래식(CLASSIC)풍과 밀리터리룩이 유행하고 있습니다.
젊은이(YOUNG)에게는 클래식(CLASSIC)풍과 밀리터리룩이 유행하고 있습니다.
젊은 무리들에게는 클래식(CLASSIC)풍과 밀리터리룩이 유행하고 있습니다.
그녀가 입고 있는 옷은 굉장히 멋있군요.
그녀가 입고 있는 옷은 굉장히 세련되었군요.
그 남자의 양복과 넥타이는 잘 어울리는군요.
그 남자의 양복과 구두는 잘 어울리는군요.
그녀의 장갑과 핸드백은 잘 어울리는군요.

패션 관련 용어

중국어		발음	뜻
仿旧	fǎng jiù	팡쮸	빈티지룩
搭配	dā pèi	따페이	매치
流行色	liú xíng sè	리우씽써	컬러트렌드
相同色	xīang tóng sè	쌍통써	색깔을 상호간에 조화를 맞추는 것
短裤	dǔan kù	똰쿠	반바지
重叠	chóng dié	충데	레이어드(=겹겹)
长的	cháng de	창더	레깅스

18. 패션잡지

/ - / \
时装杂志
스 주앙 짜 즈

V \ / / - / \
你看什么时装杂志?
니 깐 섬 머 스 주앙 짜 즈

V V
SOEN,MORE,KANG KAM等等。
소엔, 모어, 캉 캄 등 등

V - V V \ / V
很多种。KANG KAM很适合你。
흔 뚜오 종. 캉 캄 흔 스 허 니

패션잡지는 무엇을 참고로 합니까.
네, 소엔(문화복장학원 발행), 모아, 캉캄 등 여러 가지입니다.
많군요. 그 중에서도 캉캄은 당사의 컨셉프트와 딱 맞으니까, 잘 연구해 주십시오.

반복하기

V - V / · / - / \
你参考什么时装杂志?
니 찬 카오 섬 머 스 주앙 짜 즈

V \ / · / - / \
你看什么时装杂志?
니 칸 섬 머 스 주앙 짜 즈

V \ / V V / - / \ \ / V V /
你认为哪本时装杂志适合你的品牌?
니 런 웨이 나 번 스 주앙 짜 즈 스 허 니 더 핀 파이

你能看懂整本杂志吗？
니 넝 칸 똥 정 번 짜 즈 마

你能看懂杂志的所有内容吗？
니 넝 칸 똥 짜 즈 더 수 오요 내 이룽 마

你能看懂整本杂志吗？
니 넝 칸 똥 정 번 짜 즈 마

我们只看照片。
워 먼 즈 칸 자오 핀

我们只看照片。
워 먼 즈 칸 자오 핀

我们只看设计图。
워 먼 즈 칸 서 지 투

这本杂志是哪个年龄段的？
쩌 번 짜 즈 스 나 거 니엔 링 두완 더

这本杂志的读者群是什么年龄的？
쩌 번 짜 즈 더 두 저 췬 스 션 머 니앤 링 더

패션잡지는 무엇을 참고로 합니까.
패션잡지는 무엇을 일고 있습니까.
당신은 어떤 패션잡지가 당신 브랜드에 적합다고 보십니까?
잡지(MAGAZINE)의 내용을 전부 이해합니까.
잡지(MAGAZINE)의 내용을 전부 읽을 수 있습니까.
잡지(MAGAZINE)의 내용을 전부 읽을 수가 있습니까.
시진만 보고 참고로 힙니다.
사진을 보고 흉내를 내기만 합니다.
디자인의 실루엣만 참고로 합니다.
이 잡지의 연령층(AGE GROUP)은 몇 세입니까.
이 잡지의 타겟(TARGET)은 몇 살입니까

패션 관련 용어

중국어		발음	뜻
合身	hé shēn	허썬	맵시있다.
订货会	dìng hùo huì	띵훠후이	의상발표회
街上时尚	jiē shang shí shàng	지에 상 스 쌍	거리에서 유행하는 패션(=길거리 유행)
女高中生	nǚ gao zhong sheng	뉘까오중성	여중생
华丽	huá lǐ	화리	화려함,야함
化妆	huà zhuāng	화쫭	화장

19. 식사하기

吃饭
츠 판

现在几点了？
센 자이 지 디엔 러

12点多。
스얼 디엔뚜오

我们一起吃午饭吧。
워 먼 이 치 츠 우 판 빠

你喜欢吃什么？
니 시 환 츠 섬 머

我吃什么都行。
워 츠 섬 머 도 씽

那我们去吃生鱼片吧。
나 워 먼 취 츠 셩 위 피엔 빠

这里有家餐馆很好。
저 리요 지 아 찬 관 흔 하오

我吃生鱼片很长时间了。
워 츠 셩 위 피엔 흔 창 스 지엔 러

지금 몇 시입니까.
벌써 12시 지났군요.
같이 점심식사(LUNCH)하러 갈까요.
무엇이 좋습니까.
저는 무엇이든지 좋습니다만.
그러면, 초밥 먹으러 갈까요.
맛있게 하는 가게가 있으니까.
저도 오랜만에 초밥이 먹고 싶군요.

반복하기

今天有什么特别的菜吗？
진 티엔 요우 셤 머 터 베이 더 차 마

今天有什么特别的菜吗？
진 티엔요우 셤 머 터 베이 더 차 마

今天有什么特别的菜吗？
진 티엔요우 셤 머 터 베이 더 차 마

我喜欢日本菜。
워 시 환 러 번 차이

我喜欢韩菜。
워 시 환 한 차이

我喜欢中菜。
워 시 환 중 차이

一份肉和米饭。
이 펀 러우 허 미 판

肉和米饭，大份的。
로 허 미 판, 따 펀 더

一份肉和米饭。
이 펀 러우 허 미 판

辣白菜很辣。
라 바이 차이 흔 라

辣白菜很咸。
라 바이 차이 흔 씨엔

辣白菜很一般。
라 바이 차이 흔 이 반

早餐是自助餐。
자오 찬 서 쯔 주 찬

ˇ ˉ ˋ ˋ ˋ ˋ ˇ ˋ
早餐是地道的日本菜。
자오 찬 서 띠 다오 더 러 번 채이

ˇ ˉ ˋ ˉ ˋ
早餐是西式的。
자오 찬 스 시 스 더

ˇ ˇ ˇ ˋ
我很满意。
워 흔 만 의

ˊ ˋ ˋ
别客气。
비에 커 치

ˇ ˇ ˇ ˉ ˋ
请给我发票。
칭 게이 워 파 피아오

ˇ ˇ ˇ ˉ ˋ
请给我发票。
칭 게이 워 파 피아오

ˇ ˇ ˇ ˉ ˋ
请给我发票。
칭 게이 워 파 피아오

오늘의 특별 메뉴는 무엇입니까.
오늘의 특별(SPECIAL) 메뉴는 무엇입니까.
오늘의 특별 요리는 무엇입니까.
저는 일식을 좋아합니다.
저는 한국요리를 좋아합니다.
저는 중국요리를 좋아합니다.
소고기덮밥 보통 한 그릇 부탁합니다.
소고기덮밥 곱빼기 부탁합니다.
소고기덮밥 보통 1인분 부탁합니다.
김치가 굉장히 맵군요.
김치가 굉장히 짜군요.
김치가 굉장히 싱겁군요.
조식은 뷔페입니다.
조식은 일본정식입니다.
조식은 양식입니다.
잘 먹었습니다.
변변치 못했습니다.
영수증 부탁합니다.
영수증(RECEIPT)부탁합니다.
계산서 부탁합니다.

관련 용어

중국어		발음	뜻
饭票	fàn piào	판표	식권
饭	fàn	판	밥
大酱汤	dà jiàng tāng	따쨩탕	된장국
汤水	tāng shuǐ	탕쑤이	국물
生鱼片	shēng yú piàn	썽위팬	생선회
筷子	kuài zi	콰이즈	젓가락
海苔	hǎi tái	하이타이	김

20.전화

电话
띠엔화

(1) 전화받기 (2) 부재중

接电话
지에 띠엔 화

不接电话
부 지에 띠엔 화

喂，我是韩国东大门的Kim。
웨이, 워 스 한 구어 똥 따 먼 더 진.

我能和Suzuki先生讲话吗？
워 능 허 스즈키 센 셩 지앙 화 마

稍等。我叫他。
샤오 등 워 자오 타

喂，我是Suzuki.
웨이 워 스 스즈키

你好。我是东大门的Kim。你身体好吗？
하오 더. 워 스 똥 따 먼 더 진. 니 션 티 하오 마

喂，我是东大门的Kim, 是Suzuki先生吗？
웨이, 워 스 똥 따 먼 더 진. 스 스즈키 센 셩 마

对不起，他不在。
뗴 부 치 타 부 짜이

有事吗？
요우 스 마

请告诉他，东大门的Kim给他打过电话。
칭 까오 수 타, 똥 따 먼 더 진 게이 타 타 구어 띠엔 화

여보세요, 여기는 한국 동대문의 김입니다만, 스즈키씨 계십니까?
잠깐만 기다려 주십시오. 곧 바꾸겠습니다.
네, 전화 바꿨습니다. 스즈키입니다.
오랜만입니다. 동대문의 김인데, 건강하십니까.
여보세요, 여기는 한국 동대문의 김인데, 스즈키씨 계십니까.
미안합니다. 지금 자리를 뜨고 없습니다.
메시지라도 있습니까.
네, 동대문의 김에게서 전화가 왔었다고 전해 주십시오.
알겠습니다. 틀림없이 전해 놓겠습니다.

반복하기

李先生在设计室吗?
리 센 셩 짜이 셔 지 스 마

李先生，谁正在设计室工作?
리 센 셩, 쉐이 정 짜이 셔 지 스 공 쪼우

李先生在设计室吗?
리 센 셩 짜이 셔 지 스 마

对不起，是哪位?
떼 부 치, 스 나 웨이

对不起，是哪位?
떼 부 치, 스 나 웨이

他出去了。
타 추 취 러

他现在出去了。
타 센 자이 추 취 러

他现在正在外面工作。
타 센 짜이 정 짜이 와이미엔 공 쭈우

他没在他的座位上。
타 메이 짜이 타더 주 오 웨이 샹

你想干什么？
니 샹 깐 션 머

你在找什么？
니 짜이 자오 션 머

我能帮助你吗？
워 능 방 조우 니 마

我会再给你打电话。
워 후이 자이 게이 니 따 띠엔 화

我会再给你打电话。
워 후이 자이 게이 니 따 띠엔 화

有什么事情要告诉他吗？
요우 션 머 스 칭 요 까오 수 타 마

有什么事情要告诉他吗？
요우 션 머 스 칭 요 까오 수 타 마

有什么事情要告诉他吗？
요우 션 머 스 칭 요 까오 수 타 마

他正在谈话。
타 정 짜이 탄 후아

他正在开会。
타 정 짜이카이 후이

他正在打电话。
타 정 짜이 따 띠엔 화

ˇ ˇ ˋ ˊ ˋ ˊ ˋ ˋ ˋ
我想要一部移动电话。
워 샹 야오 이 뿌 이 똥 띠엔 화

ˇ ˉ ˋ ˊ ˋ ˊ ˋ ˋ ˋ
我需要一部移动电话。
워 쉬 야오 이 뿌 이 똥 띠엔 화

ˇ ˇ ˋ ˊ ˋ ˋ ˋ ˋ ˊ ˊ ˋ
我想要移动电话的漫游服务。
워 샹 야오 이 똥 띠엔 화 더 만 여우 푸 우

디자인실의 이씨 계십니까.
이선생님, 누가 지금 디자인실에서 일하고 있습니까?
디자인실의 이씨 있습니까.
실례지만, 누구십니까.
실례지만, 누구십니까.
지금, 외출중입니다.
지금, 나가있습니다.
지금, 외근중입니다.
지금, 부재중입니다.
무슨 용건입니까.
무슨 용건입니까.
무슨 용건입니까.
또, 전화하겠습니다.
또, 다시 걸겠습니다.
뭔가, 전할 말씀이라도 있습니까.
뭔가, 전언이라도 있습니까.
뭐라고 전해 드릴까요.
얘기중입니다.
접객중입니다.
다른 전화 통화중입니다.
휴대전화를 렌탈(RENTAL)하고 싶은데.
휴대전화를 빌리고 싶은데.
휴대전화 로밍 서비스 (ROAMING)를 받고 싶습니다.

관련 용어

중국어		발음	뜻
短信	duǎn xìn	뚜안신	메시지
对方付款电话	duì fāng fù kuǎn diàn huà	뚜팡푸콴 띠엔화	수신자부담전화
接线员	jiē xiàn yuán	지에시엔 위엔	교환원

21. 길묻기

问路
원 루

对不起，国贸站在哪里？
떼 부 치, 궈 마오 짠 짜이 나 리

一直走，第三个路口右转。
이 즈 주, 띠 산 거 루 코 요 좐

对不起，王府井的地铁站在哪里？
떼 부 치, 왕 푸 징 더 띠 티에 짠 짜이 나 리

你可以乘1号线到那里。
니 커 이 청 이 하 오 센 따오나리

进口在那里。
찐 커우 짜이 나 리

미안합니다. 궈마오역은 어디입니까.
이 길을 쭉 가서, 세 번째 커브를 돌면 오른쪽에 보입니다.
미안합니다. 왕푸징 지하철은 어디에 있습니까.
1호선 타면 갈 수 있어요.
입구는 저쪽입니다.

반복하기

西单站在哪里？
시 딴 짠 짜이 나 리

建国门站在哪里？
지엔 구어 먼 짠 짜이 나 리

哪个是张自忠路站？
나 거 스 장 쯔 중 루 짠

从这里坐地铁，在第三站下车。
총 쩌 리 주오 띠 티에, 짜이 띠 산 짠 씨아 처

从东单站坐到第三站是张自忠路。
총 쩌 딴 짠 주오 따오 띠 산 짠 스 장 쯔 중 루

从北京站乘1号线 第4站是东单。
총 베이 징 짠 청 이 하오 센 띠 쓰 짠 스 동 딴

坐这条线到北京站换乘1号线，第三站就是那里。
주어 쩌티아오시엔따오 베이징 짠 환 청 이 하오 시엔 띠 산 짠 찌우 스 나 리

沿这条路一直走，到交通信号灯那儿往右转。
이엔 쩌티아오루 이 즈 쩌우, 따오 자오 통 신 하오 등 나 얼 왕 요 좐

沿这条路一直走，走到头后往左转。
이엔 쩌 티아오루 이 즈 쩌우, 쩌우 따 토 호우 왕 조 좐

到国贸站合适。
따오 궈 마오 짠 허 쿠오

天安门就是那里。
티엔 안 먼 지우 스 나 리

车站就在这条路附近。
처 잔 지우 자이 저 티아오루 푸 진

시단역은 어디입니까.
건국문역은 어디에 있습니까.
장자충역은 어느 쪽일까요.
여기서 지하철을 타고 세 번째 역에서 내리세요.
동단역에서 3번째 역이 장자충역이에요.
북경역에서 지하철 1호선을 타고 4번째 역이 동단역입니다.
이 전차로 북경역까지 가서, 거기서 1호선으로 갈아타고 3번째 역입니다.
이 길을 똑바로 가면 신호등이 나오는데, 거기에서 오른쪽으로 돌아 주십시오.
이 길을 따라서 쭉 가시다가 끝까지 가셔서 왼쪽으로 구부러집니다.
국무역은 반대편입니다.
천안문은 저쪽입니다.
정류장은 이 길 부근입니다.

관련 용어

중국어		발음	뜻
车站	chē zhàn	처짠	정류장, 역
地铁图	dí tiě tú	띠테투	지하철 지도
换乘站	huàn chéng zhàn	환청짠	도시중심조직
单轨铁路	dān guǐ tiě lù	딴구이테루	모노레일
中心地带	zhōng xīn dìdaì	쭝씬띠다이	중심가
高峰时间	gāo fēng shí jiān	까오펑쓰잰	출퇴근혼잡한 시간(러시아워)

22.호텔예약

订饭店
딩 판 디엔

我想订一个房间。
워 샹 딩 이 거 팡 지엔

好的。你什么时候入住?
하오 더, 니 셤 머 스 호우 루 주

从15日到18日，3天，一间单人房。
충 스우 르 다오스빠 르 산 티엔 이 지엔 단 런 방

好的。请告诉我你的名字。
하오 더, 칭 까오 수 워 니 더 밍 즈

金永哲.
진 용 저

방을 예약하고 싶습니다.
네, 알겠습니다. 숙박은 언제 입니까?
내주 15일부터 18일까지 3박, 싱글 하나 부탁합니다.
네, 좋습니다. 이름을 말씀해 주십시오.
김영철입니다.

반복하기

V V / - - V ·
所有房间都满了。
소 요우 팡 지엔 도 만 러

V V / - - V ·
所有房间都满了。
소 요우 팡 지엔 도 만 러

V V / - - V ·
所有房间都满了。
소 요우 팡 지엔 도 만 러

\ - / \ \ - ·
一天房费是多少?
이 티엔 팡 페이 스 뚜오샤오

\ - / \ \ - ·
一天房费是多少?
이 티엔 팡 페이 스 뚜오샤오

- / - - - / \ \ - ·
单人房一天房费是多少?
단 런 팡 이 티엔 팡 페이 스 뚜오샤오

- \ V -
包括早餐吗?
빠오 쿠오자오 찬 마

\ - \ V -
不包括早餐吗?
부 빠오 쿠오 자오 찬 마

- \ V -
包括早餐吗?
빠오 쿠오자오 찬 마

\ · V V V V \ \
对不起，我想改预定。
떼 부 치 워 샹 까이 위에 띵

V V V - \ \
我想取消预定。
워 샹 취 시아오 위에 띵

我想取消预定。
워 상 취 샤오 위에 띵

钥匙在房间里面。
야오 스 자이 팡 지엔 리 미엔

我把钥匙锁在房间里了。
워 파 야오 스 수오 자이 팡 지엔 리 러

请寄存行李。
칭 지 춘 씽 리

请寄存行李。
칭 지 춘 씽 리

我想寄存行李。
워 샹 지 춘 씽 리

방은 만실입니다만.
방은 풀(FULL)입니다만.
방은 타이트(TIGHT)합니다만.
방값은 1박에 얼마입니까?
방값은 1박에 얼마입니까?
싱글룸(SINGLE ROOM)은 일박에 얼마입니까.
조식은 들어가 있습니까?
조식 없이 입니까?
조식은 포함되어 있습니까?
미안합니다, 예약을 변경하고 싶습니다.
예약을 취소(CANCEL)하고 싶습니다.
예약을 취소하고 싶습니다.
열쇠를 놓고 문을 닫았습니다.
열쇠를 잊고 문을 닫았습니다.
이 짐을 맡아 주십시오.
이 짐을 보관(KEEP)해 주기 바랍니다.
이 짐을 맡기겠습니다.

패션 관련 용어

중국어		발음	뜻
经理	jīng lǐ	징리	지배인
前面	qián miàn	챈맨	프론트
前台	qián tái	챈타이	벨데스크
商务饭店	shāng wù fàn diàn	쌍우판디엔	비즈니스호텔

23. 중국세관(입국심사, 세관통관)

中国海关
중 궈하이구안

请出示你的护照。
칭 추 스 니 더 후 자오

好的，给你。
하오 더 게이 니

你要在北京呆多少天？
니 야오 짜이 베이 징 따이 뚜오샤오티엔

4天3夜。
쓰 티엔산 이에

对不起，请写下你的中国电话号码。
떼 부 치 칭 씨이 싸 니 더 중 구어 띠엔 화 하오 마

有需要报关的物品吗？
요 수이 야오 바오 콴 더 우 핀 마

没有。
메이 요우

你有酒和香烟吗？
니 요우 주 허 썅 옌 마

我只有这个。
어 즈 요우 쩌 거

请打开箱子。
칭 따 카이 쌍 즈

好的。
하오 더

这个包裹里是什么?
쩌 거 파오 구 오 리서 셤 머

一个娃娃。是生意伙伴给我的礼物。
이 거 와 와 서 셩 의 후오 반 게이 워 더 리 우

好的，谢谢。
하오 더 쎄 쎄

여권을 보여 주십시오.
네, 여기 있습니다.
북경에는 어느 정도 머무를 예정입니까?
3박 4일입니다.
미안합니다만, 여기에 중국의 연락처 전화번호를 기입해 주십시오.
(세관 카운터)
신고할 물건은 없습니까?
없습니다.
알콜 음료라든가 담배를 갖고 있습니까?
이것 밖에 없습니다.
트렁크를 열어 보겠습니다.
네, 그러십시오.
이 포장 안에는 무엇이 있습니까?
인형입니다. 거래처 사람 선물입니다.
좋습니다. 감사합니다.

반복하기

请出示你的护照。
칭 추 스 니 더 후 자오

出示你的护照。
추 스 니 더 후 자오

出示签证。
추 스 친엔 정

出示行李托运单。
추 스 싱 리 투오 윈 단

你会说中文吗?
니 후이 슈어 중 원 마

你会说中文吗?
니 후이 슈어 중 원 마

你会说中文吗?
니 후이 슈어 중 원 마

你会说中文吗?
니 후이 슈어 중 원 마

是的，我会说一点。
스 더 워 후이 수오 이 디알

一点都不会。
이 디엔 떠우 부 후이

是的，我会。
스 더 워 후이

你旅行的目的是什么?
니 뤼 싱 더 무 디 스 셤 머

你为什么来这儿?
니 웨이 셤 머 라이 쩌 얼

ˇ ˋ ˋ ˊ · ˉ ˋ
你是做什么工作的？
니 스 주오 섬 머 꽁 쭈어 더

ˋ ˉ ˋ
做生意。
주오 셩 이

ˋ ˉ ˋ
做生意。
주오 셩 이

ˇ ˉ ˇ ˊ ˉ
我出口服装。
워 추 코 푸 주앙

ˇ ˋ ˋ ˇ ·
你住在哪里？
니 쭈 짜이 나 리

ˇ ˋ ˇ ˋ ˋ ˋ
你住哪个饭店？
니 주 나 그 판 디엔

ˇ ˋ ˋ ˉ ˊ ˋ ˉ ˇ ˉ
你要在中国住多少天？
니 야오 짜이 중 구워 주 뚜어 샤오 티엔

ˇ ˋ ˋ ˉ · ˉ
你要住多少天？
니 야오 주 뚜오샤오티엔

ˋ ˋ ˊ · ˋ ˊ ˋ ˋ ˇ ˇ ˊ · ˇ ˋ
这件行李是什么？ 那是给我朋友的礼物。
쩌 진 씽 리 스 섬 머 나 스 게이 워 펑 이요 더 리 우

ˋ ˋ ˊ ˋ
这是全部。
쩌 스 첸 푸

ˋ ˊ ˋ ˋ ˇ
这不是样品。
쩌 부 스 양 핀

ˋ ˋ ˋ ˉ ˋ ˋ
这是一些部件。
쩌 스 이 씨에 뿌 지엔

ˇ ˉ ˋ ˉ ˉ
请清算关税。
칭 칭 산 구안 슈이

你要为这部照相机付关税。
니 야오 웨이 저지 뿌 자오 상 지 푸 구안 슈이

我能哪里找到KAL 007航班的行李?
워 넝 나 리 자오 다오 칼 링링치 항 반 더 씽 리

在标志牌下面的传送带上。
짜이 빠오 즈 파이 샤 미엔 더 촨 송 다이 샹

在标志牌下面的传送带上。
짜이 빠오 즈 파이 샤 미엔 더 촨 송 다이 샹

여권을 보여 주십시오.
여권을 보여 주십시오.
입국신고서를 보여주십시오.
송장(INVOICE)을 보여 주십시오.
중국어를 할 줄 아십니까?
중국어를 할 줄 압니까?
중국어를 말할 수 있습니까?
중국어를 말할 수가 있습니까?
조금 압니다.
전연 모릅니다.
잘 압니다.
여행의 목적은 무엇입니까?
입국 목적은 무엇입니까? 무슨 일을 하고 있습니까?
일 때문에 왔습니다.
비즈니스입니다.
옷장사를 하고 있습니다.
어디에 묵으십니까?
어느 호텔에 묵으십니까?
중국에 얼마나 머무르십니까?
어느 정도 머뭅니까?
이 짐의 내용물은 무엇입니까?
그것은 친구에게 줄 선물입니다.
이것이 전부입니다.
이것은 무상견본입니다.
이것은 신변잡화입니다.
저편 카운터에서 관세를 지불하세요.
이 카메라는 관세를 내셔야 합니다.
KAL 007편 수하물은 어디서 받습니까?
저쪽에 보이는 사인보드 아래 컨베이어입니다.
저쪽에 보이는 사인보드 아래 컨베이어입니다.

패션 관련 용어

중국어		발음	뜻
入境↔出境	rù jìng↔chū jìng	루징↔추징	입국
洋酒	yáng jiŭ	양지우	위스키
瓶	píng	핑	병
通过	tōng guò	퉁궈	통과
安检	ān jiăn	안잰	세관 통과시 안전검사(인화, 위험물질, 방역 등)를 지칭
无偿	wú cháng	우창	무상(=무환)
有偿	yoŭ cháng	유창	유상(=유환)

부록

<1>숫자 표현

1. 기수(1~10)

중국어	뜻	발음
一	일	(yī) 이
二	이	(èr) 얼
三	삼	(sān) 싼
四	사	(sì) 쓰
五	오	(wŭ) 우
六	육	(lìu, lù) 리우
七	칠	(qī) 치
八	팔	(bā) 빠
九	구	(jiŭ) 지우
十	십	(shí) 스
零	영	(líng, lian) 링

2. 서수

(1)1~10

중국어	발음	뜻
第一	띠 이	첫 번째
第二	띠 얼	두 번째
第三	띠 싼	세 번째
第四	띠 쓰	네 번째
第五	띠 우	다섯 번째
第六	띠 리우	여섯 번째
第七	띠 치	일곱 번째
第八	띠 빠	여덟 번째
第九	띠 지우	아홉 번째
第十	띠 스	열 번째
※第(dì)		

② 10단위

10(十, 스)	20(二十, 얼스)	30(三十, 싼스)	40(四十, 쓰스)	90 (九十, 지우스)
11(十一, 스이)	21 (二十一, 얼스이)	31 (三十一,싼스이)	50 (五十, 우스)	91 (九十一, 지우스이)
12 (十二, 스얼)	22 (二十二, 얼스이)	32 (三十二, 싼스얼)	60 (六十, 리우스)	92 (九十二, 지우스얼)
13(十三, 스싼)	23 (二十三, 얼스얼)	33 (三十三, 싼스싼)	70(七十, 치스)	93 (九十三, 지우스싼)
14(十四, 스쓰)	24 (二十四, 얼스쓰)	34 (三十四, 싼스쓰)	80(八十, 빠스)	94 (九十四, 지우스쓰)
15(十五, 스우)	25 (二十五, 얼스우)	35 (三十五, 싼스우)		95 (九十五, 지우스우)
16 (十六, 스리우)	26 (二十六, 얼스리우)	36 (三十六 , 싼스리우)		96 (九十六, 지우스리우)
17(十七, 스치)	27 (二十七, 얼스치)	37 (三十七, 싼스치)		97 (九十七, 지우스치)
18(十八, 스빠)	28 (二十八, 얼스빠)	38 (三十八, 싼스빠)		98 (九十八, 지우스빠)
19 (十九, 스지우)	29 (二十九, 얼스지우)	39 (三十九, 싼스지우)		99 (九十九, 지우스지우)

※ 十(shí)

③ 100~1억

100(一百, 이바이)	1000(一千, 이치엔)	10000(一万, 이완)	10만(十万, 스완)
200(兩百, 리양바이)	2000(二千, 얼치엔)	20000(兩万, 리앙완)	20만(二十万, 얼스완)
300(三百, 싼바이)	3000(三千, 싼치엔)	30000(三万, 싼완)	30만(三十万, 싼스완)
400(四百, 쓰바이)	4000(四千, 쓰치엔)	40000(四万, 쓰완)	40만(四十万, 쓰스완)
500(五百, 우바이)	5000(五千, 우치엔)	50000(五万, 우완)	50만(五十万, 우스완)
600(六百 리우바이)	6000(六千 리우치엔)	60000(六万 리우완)	60만(六十万 리우스완)
700(七百, 치바이)	7000(七千, 치치엔)	70000(七万, 치완)	70만(七十万, 치스완)
800(八百, 빠바이)	8000(八千, 빠치엔)	80000(八万, 빠완)	80만(八十万, 빠스완)
900(九百, 지우바이)	9000 (九千, 지우치엔)	90000(九万, 지우완)	90만(九十万, 지우스완)
			100만(一百万, 이바이완)
			1000만 (一千万, 이치엔완)
			1 억(一亿, 이이)

※ 百(bǎi), 千(qiān), 万(wàn), 亿(yì)

<2>날짜, 요일

1. 날짜: ~日 ~일

중국어	발음	뜻
一号	이 하오	1일
二号	얼 하오	2일
三号	싼 하오	3일
四号	쓰 하오	4일
五号	우 하오	5일
六号	리 우하오	6일
七号	치 하오	7일
八号	빠 하오	8일
九号	지우 하오	9일
十号	스 하오	10일
十一号	스 이 하오	11일
十二号	스 얼 하오	12일
十三号	스 싼 하오	13일
十四号	스 쓰 하오	14일
十五号	스 우 하오	15일
十六号	스 리우 하오	16일
十七号	스 치 하오	17일
十八号	스 빠 하오	18일
十九号	스 지우 하오	19일
二十号	얼 스 하오	20일
二十一号	얼 스 이 하오	21일

二十二号	얼 스 얼 하오	22일
二十三号	얼 스 싼 하오	23일
二十四号	얼 스 쓰 하오	24일
二十五号	얼 스 우 하오	25일
二十六号	얼 스 리우 하오	26일
二十七号	얼 스 치 하오	27일
二十八号	얼 스 빠 하오	28일
二十九号	얼 스 지우 하오	29일
三十号	싼 스 하오	30일
三十一号	싼 스 이 하오	31일

※号(hào)

2. 달: ~月 ~월

중국어	발음	뜻
一月	이 위에	1월
二月	얼 위에	2월
三月	싼 위에	3월
四月	쓰 위에	4월
五月	우 위엔	5월
六月	리우 위에	6월
七月	치 위에	7월
八月	빠 위에	8월
九月	지우 위에	9월

十月	스 위에	10월
十一月	스 이 위에	11월
十二月	스 얼 위에	12월

※月(yuè)

3. 요일

중국어	발음	뜻
星期天=礼拜天	씽치 티엔 = 리 바이 티엔	일요일
星期一=礼拜一	씽치 이 = 리 바이 이	월요일
星期二=礼拜二	씽치 얼 = 리 바이 얼	화요일
星期三=礼拜三	씽치 싼 = 리 바이 싼	수요일
星期四=礼拜四	씽치 쓰 = 리 바이 쓰	목요일
星期五=礼拜五	씽치 우 = 리 바이 우	금요일
星期六=礼拜六	씽치리 우 = 리 바이 리우	토요일

※星期(xīng qī) = 礼拜(lǐ bài)

4. 주

중국어	발음	뜻
上个星期	샹 꺼 씽 치	지난 주
这个星期	쩌 꺼 씽 치	이번 주
下个星期	시아 꺼 씽 치	다음 주
上个月	쌍 꺼 위에	지난 달

这个月	쩌 꺼 위에	이번 달
下个月	시아 꺼 위에	다음 달
去年	취 니엔	작년
今年	진 니엔	올해, 금년
明年	밍 니엔	내년

※上(shàng),下(xià), 這(zhè), 去(qù), 年(nián), 今(jīn), 明(míng).

5. ~박 ~泊

중국어	발음	뜻
住一宿(=夜)	(zhù yī sù) 쭈이쑤	1박
住兩liǎng宿	(zhu liǎng sù) 쭈리앙쑤	2박
兩天一夜	(liǎng tiān yī yè) 리앙티엔이이에	1박2일
三天兩夜	(sān tiān liǎng yè) 싼티엔싼이에	2박3일

※住(zhù), 宿(sù), 兩(liǎng), 天(tiān), 夜(yè)

6. 계절

중국어	발음	뜻
春天	춘 티엔	봄
夏天	씨아 티엔	여름
秋天	치우 티엔	가을
冬天	똥 티엔	겨울

※春(chūn), 夏(xià), 秋(qīu), 冬(dōng)

7. 방위

중국어	발음	뜻
東	똥	동
西	시	서
南	난	남
北	뻬이	북

※東(dōng), 西(xī), 南(nán), 北(běi)

8.방향

중국어	발음	뜻
前	치엔	전
后	허우	후
左	쭈어	좌
右	여우	우

※前(qían), 后(hòu), 左(zǔo), 右(yoù)

<3> 시간

1. ~시 ~時

중국어	발음	뜻
一点	이 디엔	1시
兩点	리앙 디엔	2시
三点	싼 디엔	3시
四点	쓰 디엔	4시
五点	우 디엔	5시
六点	리우 디엔	6시
七点	치 디엔	7시
八点	빠 디엔	8시
九点	지우 디엔	9시
十点	스 디엔	10시
十一点	스 이 디엔	11시
十二点	스 얼 디엔	12시

※点(diǎn):시　分(fēn):분

2. ~분 ~分 (중국어 발음 뜻)

1분 (一分鐘, 이펀종)	11분 (十一分鐘,스이펀종)	21분 (二十一分鐘, 얼스이펀종)	10분 (十分鐘, 스펀종)
2분 (兩分鐘, 리앙펀종)	12 (十二分鐘,스얼펀종)	22 (二十二分鐘, 얼스얼펀종)	20 (二十分鐘, 얼스펀종)
3 분 (三分鐘, 싼펀종)	13 (十三分鐘,스싼펀종)	23 (二十三分鐘, 얼스싼펀종)	30 (三十分鐘, 싼스펀종)
4 분 (四分鐘, 쓰스펀종)	14 (十四分鐘스쓰펀종)	24 (二十四分鐘, 얼스쓰펀종)	40 (四十分鐘, 쓰스펀종)
5 분 (五分鐘, 우펀종)	15 (十五分鐘,스우펀종)	25 (二十五分鐘, 얼스우펀종)	50 (五十分鐘, 우스펀종)
6 분 (六分鐘, 리우펀종)	16 (十六分鐘,스리우펀종)	26 (二十六分鐘, 얼스리우펀종)	60 (六十分鐘리우스펀종)
7 분 (七分鐘, 치펀종)	17 (十七分鐘,스치펀종)	27 (二十七分鐘, 얼스치펀종)	
8 분 (八分鐘, 빠펀종)	18 (十八分鐘,스빠펀종)	28 (二十八分鐘, 얼스빠펀종)	
9 분 (九分鐘, 지우펀종)	19 (十九分鐘,스지우펀종)	29(二十九分鐘, 얼스지우 펀종)	
10분 (十分鐘, 스펀종)	20 (二十分鐘,얼스펀종)	30(三十分鐘, 싼스펀종)	

※分(fēn), 鐘(zhōng)

※15분(一刻), 30분(三十分)
yí kè sān shí fēn

<4> + − × ÷, 백수와 백분율, 곱셈, 도량형

계산과 구구단		
* 3 + 2 = 5	三加二等于五	싼지아얼떵위우
* 6 − 3 = 3	六減三等于三	리우지엔싼떵위싼
* 2 × 4 = 8	二乘四等于八	얼청쓰떵위빠
* 8 ÷ 2 = 4	八除以二等于四	빠추이얼떵위쓰
	八除被二等于四	빠추이뻬이얼떵위쓰
	二除八等于四	얼추빠떵위쓰

※ +(加) −(減) ×(乘) ÷(除) =(等于)

jia jian cheng chu deng yu

분수와 백분율 읽는 법		
* $\frac{1}{4}$	四分之一	쓰펀즈이
* $5\frac{1}{3}$	五又三分之一	우이오싼펀즈이
* 30%	百分之三十	바이펀즈싼스
* 70%	百分之七十	바이펀즈치스

※ 又(you)

곱셈		
* 1 × 1 = 1	一一得一	아이더이
* 1 × 3 = 3	一三得三	이싼더싼
* 5 × 3 = 15	五三十五	우산이우

<5>화폐 단위

중국어	발음	뜻
日元	(Rì yuán) 르위엔	엔(일본화폐)
美金	(Měi jīn) 메이진	달러(미국화폐)
韩币	(Hán bì) 한비	원(한국화폐)
人民币	(Réń mín bì) 런민삐	인민폐(중화폐)

<6> 연 혁 서

회사연혁　公司简介　(꽁쓰지엔지에)
-당사의 연혁에 관해서 간단하게나마 설명드리겠습니다.
-简单介绍贵公司的情况 (-지엔딴지에샤오꾸이꽁쓰더칭쾅)

1. 회사명:公司名称 (꽁쓰밍청)
(1)TEL : 电话 (띠엔화)
(2)FAX : 传真 (촨쩐)
(3)HOME PAGE: 地址 : (띠즈)
(4)점포소재지:店所在地(땐쉬짜이띠)
(5)브랜드명: 品牌名称(핀파이밍청)

2.창립 년도(창설자: 자본금) : 成立时间(创始人; 注册资金)
청리쓰잰(촹쓰런　쭈처즈진)
200 년 월 일 에 의해 자본금 만엔으로 창설했습니다.
200 年　月　日　成立，注册资金　日元
200 낸 웨 르　청리 쭈처즈진　르위엔

3. 취급하고 있는 품목(item) :经营品牌-찡잉핀파이
(1)성별: 性别 씽비에
(2)정장 또는 캐주얼正装或时装 (쩡짱훠쓰짱)
(3)연령대: 年龄段 니엔링똰
(4)사이즈: 尺寸　츠춘
(5)주요칼라: 主要颜色　주요우앤써
(6)소재: 材质　차이즈
(7)가격대: 价格 지아거

4. 작년도 실적 : 去年业绩营业额　취니엔예지잉예어
(수출) 일본쪽 만엔 (出口) 日本　日元 (추커우) 르번　르위엔
(내수)　만엔 (内销)　日元 (너이쑈)　르위엔

5. 판매처(납품처) :
销售公司 (供货公司)
시아오셔우꿍스(꽁훠꽁쓰)

6. 원부자재 구입처 : 原材料购买 왠차이리아오꺼우마이
(수입) (进口) 찐코우
(국내) (国内) 궈네이

7. 종업원 수 : 员工人数 왠꽁런슈
(사무직) 남 인/ 여 인 (办公人员) 男 人/ 女 人
빤궁런왠 난 런/ 뉘 런
(공 장) 남 인/ 여 인 (工厂) 男 人/ 女 人
꽁창 난 런 뉘 런
총 인 : 总人数 쫑런슈

8. 생산 능력(Capacity) : 生产能力 썽찬넝리
(1일/ 생산량) 日/ 生产量 르/ 셩찬량
(월 / 생산량) 月/ 生产量 위에/ 셩찬량

9. 공원 평균임금 : 员工平均工资 왠꽁핑쥔꽁즈
만엔(1일 시간 근무기준)/월 日元 (1日 小时上班标准)
르왠 (1르 시아오스쌍빤비아오준)

※거래시 가장 중요한 문서가 연혁서이다. 반드시 중국어로 작성하여 각종 홍보자료(홈페이지, 팜플렛, 카탈로그, 리플렛 등)에 사용한다.

저자 약력

정승일(鄭昇逸 CHUNG, SUNG-IL)

(e-mail) etchung11@hanmail.net(한국)

chungsungil@yahoo.co.jp(일본)

〈경력〉

- 日本岡橋(오카하시)商事 貿易部
- 漢城実業 일본영업부
- (초빙강사)
  한국능률협회, 한국생산성본부, 중앙대학교, 경북대학교 등
- 무역일보 국제부기자(출입처 : 산자부, KOTRA, 한국무역협회, 통일부, 문화관광부, 관광공사, 일본무역진흥회, 행자부, 서울시청, 한국증권거래소, 중기청 등)
- 일본통신사 서울주재기자
  (일본출입처: 25개 지방자치단체, 각 대학 및 대학교 등)
- 한국섬유산업연합회(2000년 프리뷰인 서울 일본홍보담당)
- 현 한국무역협회 무역아카데미 교수
  〈담당과목〉 국제마케팅전략(일본), 무역 일본어
- 현 중기청 연수원 강사
  〈담당과목〉일본마케팅(일본시장개척단)
- 현 서울산업통상진흥원(서울패션센터) 수출자문위원
- 현 (홍보담당) 일본---동경공과대학교, 문화복장학원대학교
  캐나다---세인트메리대학교, 토론토대학교,위니펙대학교
  두바이---두바이항공대학교
- 현 국제교류연구원장
- 현 서울종합예술학교 교수

〈저서〉

1 무역일본어회화(한림출판사)---국내 최초 무역일본어 교본
2 무역일본어 통신문(진명출판사)---국내 최초 무역일본어통신문 교본
3 INTERVIEW日本語(進明)---국내최초 일본어 면접대비 일본어교본
4 奇蹟의 日本語聽取(時事日本語社)
5 비즈니스일본어회화(매일경제신문사)

6 일본비즈니스 성공비결(삶과 꿈)

7 신입사원의 기초지식(삶과 꿈)

8 일본의 유통현장 100엔숍(두남출판사)---국내 최초 일본100엔숍

9 서비스 이만큼만 해라(삶과 꿈)

10 패션벨리 남동대문시장(경춘사)---국내 최초 남동대문시장 교본

11 무역창업길라잡이(두남)

12 서울명소체험(한림출판사)---서울시청 관광홍보용 책자

13 상담일본어(대학당)

14 패션일본어(두남)---국내 최초 패션일본어 교본

16 BUSINESS日本語(넥서스출판사)

17 남대문동대문 패션무역(두남)---국내 최초 남동대문시장 창업교본

18 인터넷 쇼핑몰 패션일본어(경춘사)

기타, 총22권

감　수	자오이샹(曺亿相)	북경수도사범대학 교수
번역교정	김유봉(金裕鳳)	중국산동대학교 박사
	이동언(李東彦)	서울여자상업고등학교(중국어교사) 한국외국어대학교 교육대학원 중국어교육학과 중국남방항공 근무
	조전범(趙全凡)	한국외국어대학원 중국어과 EBS TV 중국어 담당 롯데알미늄 근무